H. Schaffert

Die Berliner Bürgerwehr im Jahre 1848

Von ihrer Organisation am 19. März bis zu ihrer Auflösung am 11. November

H. Schaffert

Die Berliner Bürgerwehr im Jahre 1848
Von ihrer Organisation am 19. März bis zu ihrer Auflösung am 11. November

ISBN/EAN: 9783743615304

Hergestellt in Europa, USA, Kanada, Australien, Japan

Cover: Foto ©ninafisch / pixelio.de

Manufactured and distributed by brebook publishing software (www.brebook.com)

H. Schaffert

Die Berliner Bürgerwehr im Jahre 1848

Die

Berliner Bürgerwehr

im Jahre 1848

von ihrer Organisation am 19. März bis zu ihrer Auflösung
am 11. November.

Aus den hinterlassenen Papieren des Commandeurs
der Berliner Bürgerwehr

H. Rimpler,
Major der Artillerie a. D.

Bearbeitet von H. Schaffert.

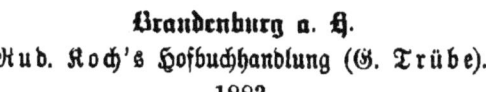

Brandenburg a. H.
Rub. Koch's Hofbuchhandlung (G. Trübe).
1883.

I.

Organifation der Bürgerwehr.

Am 19. März 1848 zwischen 12 und 1 Uhr Mittags bewegte sich in den Höfen des königlichen Schloffes eine lebhaft erregte Volksmenge. Minister v. Arnim erschien und nahm von der immer mehr wachsenden Menge die leidenschaftlich und feurig vorgetragene Bitte um Bewaffnung entgegen. Eine halbe Stunde darauf erfolgte die königliche Bewilligung und wurde mit Freuden begrüßt; der Präsident v. Minutoli, welcher schon seit mehreren Tagen sich viel mit dem Volke beschäftigt hatte, anwesend war und allgemeines Vertrauen genoß, wurde auf dem Schloßhofe durch Akklamation der Versammelten aufgefordert, sich an die Spitze der Bürgerwehr zu stellen und diefelbe so schleunig als möglich in's Leben zu rufen. Trotz seiner Entgegnung, daß die Bildung diefes Bürgerwehrinstituts den städtischen Behörden gebühre, beharrte man dabei, er solle die Sache leiten, und da es darauf ankam zu handeln und sogleich zu handeln, so fügte er sich in das allgemeine Verlangen und es erschien eine Stunde später folgender Maueranschlag: „Se. Majestät der König haben auf den Wunsch der Einwohner Berlins die Bürgerbewaffnung zu genehmigen geruht, und ist darüber von den dazu ernannten Unterzeichneten folgende provi-forische Bestimmung getroffen:

§ 1. Es wird eine Bürgerbewaffnung organisirt.
§ 2. Daran nehmen die Bürger und Schutzverwandten Theil.
§ 3. Die Kosten der Bewaffnung trägt der Staat.
§ 4. Die Schützengilde wird auf der Stelle einberufen und außerdem eine angemessene Zahl von Bürgern sogleich armirt.
§ 5. Alle näheren gesetzlichen Bestimmungen dieser Organi-

sation werden so schnell als möglich in den nächsten Tagen erfolgen.

Berlin, den 19. März 1848.
v. Minutoli. Holbein. Glaue. Haak. Dr. Woeniger. Deravanne. Krug.

Gleichzeitig verbreitete sich die Nachricht, daß jeder Bürger gegen Vorzeigung seines Bürgerbriefes ein Gewehr aus dem Kgl. Zeughause empfangen könne; Nachmittags 5 Uhr waren die an diesem Tage zahlreichen Posten um das Schloß bereits von bewaffneten Bürgern besetzt. Man sah in allen Straßen eine Menge Bürger mit Gewehren vom Zeughause zurückkehren; Abends 6 Uhr bezog die Schützengilde die große Schloßwache.

So rasch die ersten Schritte geschehen um die Bürgerwehr in's Leben zu rufen, so wurde doch eine eigentliche regelmäßige Organisation derselben von oben herab vom Hause aus verabsäumt. Der Magistrat fühlte sich nicht bewogen, die Sache in die Hand zu nehmen, weil das Commando dem Polizei-Präsidenten übertragen worden, dessen anderweitige Geschäfte in dieser bewegten Zeit ihn zu sehr in Anspruch nahmen, um der Bürgerwehr seine ganze Thätigkeit widmen zu können. Hierzu kam noch, daß wegen des Ausmarsches sämmtlicher Truppen aus Berlin die Bürgerwehr sogleich den ganzen, in dieser Zeit nicht unbedeutenden Wacht- und Sicherheitsdienst der Stadt übernehmen mußte, ohne daß sie in den Waffen geübt und mit den ersten Grundsätzen militairischer Disciplin und Ordnung bekannt gemacht war; so kam es denn, daß Patrouillen und Ablösungen Abends in Bierhäuser einkehrten, Schildwachen sich auf Stühle setzten und gemüthlich ihre Cigarren rauchten. Alle diese Dinge vor den Augen eines in dieser Beziehung an die größte militairische Ordnung gewöhnten Publikums, konnten wohl nicht eine große Sympathie für die Bürgerwehr erwecken und Achtung vor ihr einflößen; sie wären jedoch unterblieben, wenn die Wehrmänner in Folge eines disciplinaren Statuts organisirt, uniformirt und excercirt werden konnten und außerdem das Beispiel einer Garnison vor Augen gehabt hätten; diese war aber leider ausgerückt und dadurch entstand nun noch der Nachtheil, daß die Bürgerwehr sich an eine gänzliche Isolirung vom Militair gewöhnte, und alle später gemachten Versuche, sie demselben näher anzuschließen, gänzlich fehlschlugen. Alle diese Uebelstände würden jedoch nach und nach unterblieben sein, wenn ein schnell zu erlassendes Gesetz und Disciplinarstatut, sowie die durchaus nöthige

Uniformirung sie zu einem wirklich geordneten Corps erhoben hätte. Ein solches Gesetz würde dem schnellen Verrauschen der anfänglichen Begeisterung Einhalt gethan, das Vertrauen der Bürgerwehr auf sich selbst gestärkt und dem Publikum Zutrauen zu ihm eingeflößt haben.

Inzwischen hatten sich die Compagnien mit Hülfe der Bezirksvorsteher organisirt. Jeder Stadtbezirk bildete eine Compagnie, deren Mannschaft zur Wahl eines Hauptmanns und einiger Führer schritt, doch wurde Anfangs bei einigen Compagnien selbst nicht einmal ein Unterschied zwischen Zug- und Rottenführer gemacht, auch hatten dieselben eine sehr ungleiche Stärke von 100 bis gegen 400 Mann.

So weit war die Organisation schon vorgeschritten, als am 25. März die provisorischen Anordnungen erschienen; ihr Hauptverdienst bestand darin, sehr kurz gefaßt zu sein, indem auf 5 Quartseiten von der Organisation und Bestimmung der Bürgerwehr, Wahl und Benennung der Führer, Eintheilung und Zusammenberufung der Abtheilungen, von dem gesammten Wachtdienst und der berittenen Bürgerwehr gesprochen wurde. Dagegen war ausgelassen, auf wie lange Zeit die Führer gewählt und verpflichtet werden sollten nach Annahme der Wahl ihr Amt zu versehen, ein Umstand, der wesentlich zur Desorganisation beitrug, weil dadurch ein steter Wechsel der Führer herbeigeführt wurde. Unzureichend war der § 2 über die Bildung der Bürgerwehr, denn er enthielt nur die Worte:

„Die Bürgerwehr wird gebildet aus Bürgern und Schutzverwandten."

Aber aus welchen Schutzverwandten? Waren alle dazu verpflichtet oder nur diejenigen, welche durch Ortsangehörigkeit, selbstständigen Erwerb und eigene Wirthschaft Garantie für die Rücklieferung und Instandhaltung der anvertrauten Waffen boten, oder war es für Niemand Pflicht, sondern nur Sache des freien Willens, Wehrmann zu werden und zu bleiben? Endlich war wenig von den Pflichten der Bürgerwehr und nichts von der Art und Weise erwähnt, wie der einzelne Bürgerwehrmann zur Erfüllung derselben angehalten werden könne. Die Übergehung dieser nothwendigsten Bestimmungen legte von Hause aus den Keim zur Auflösung in die Berliner Bürgerwehr. Dies zeigte sich denn auch sehr bald, denn als der zweite Commandeur, General-Major v. Aschoff, bald nach Antritt seines Amtes, also schon Anfangs April, die Umformung der bisherigen 12 Bataillone als zu unbehülfliche Körper in 22 Bataillone unternehmen wollte, eine einfache tactische Maß= regel, stieß er dabei auf soviel Schwierigkeiten, daß er erst nach Verlauf von 6 Wochen im Stande war, diesen Plan, und nicht einmal vollständig, durchzuführen. Von Verbesserung der mangel= haften ersten Organisation, wie Bestimmung der Stärke der Com= pagnien und Bataillone, weitere Eintheilung der ganzen Masse in Regimenter oder Legionen, ist späterhin zwar vielfach die Rede gewesen, die Ausführung aber unterblieben, weil man auf baldige Emanirung eines Gesetzes hoffte und nicht noch auf kurze Zeit ein Provisorium haben wollte. Um aus der Gesetzlosigkeit heraus zu kommen, halfen sich übrigens eine große Anzahl Compagnien von selbst, indem sie Dienst= und Disciplinarstatute einführten und Wehr= gerichte durch Wahl einsetzten, die durch Majoritätsbeschluß der Mannschaft anerkannt und dadurch bindend für die Compagnie wurden. Diese Statute konnten aber nur Ehrenstrafen verhängen und zwar:

a) bei Versäumung der Wachen ohne Entschuldigung;
b) bei Nachlässigkeit und Trunkenheit im Dienste, Verlassen des= selben ohne Erlaubniß;
c) Widersetzlichkeit gegen die Anordnungen der Führer im Dienste.
d) bei ehrwidrigen Handlungen.

Die Strafen bestanden in: einfachem Verweis, geschärftem Verweis vor versammelter Compagnie, Ausschließung aus der Com= pagnie mit Wegnahme der Waffe zeitweise oder für immer. Ob= wohl viel später in die Bürgerwehr Eintretende sich selbst diesen Bedingungen nicht fügen wollten, so wurde die Ordnung in den Compagnien noch leidlich erhalten bei welchen sie eingeführt waren; bei anderen verursachte der gänzliche Mangel derselben schon im Monat Mai solche Störungen des Dienstes, namentlich in der Wachtbesetzung, daß man die Unmöglichkeit einsah, ohne provisorisches Statut eine so große Wehrkörperschaft wie die Berliner Bürger= wehr noch länger lebenskräftig zu erhalten. Es wurden daher am 30. Mai sämmtliche Majore und Hauptleute der Bürgerwehr und fliegenden Corps nach dem Gesellschaftstheater Urania in der Commandantenstraße beschieden. Der Dr. Woeniger präsidirte hier in Stellvertretung des abwesenden Commandeurs und hielt eine Anrede an die Versammlung in welcher er hervorhob, daß, wenn nicht alles auseinander fallen solle, energische Maßnahmen nöthig seien, welche in kürzester Zeit zu einem allgemein zufriedenstellenden

Gesetz für die Berliner Bürgerwehr verhülfen. Ein solches Gesetz könne nicht vom Magistrat gemacht werden, es müsse aus dem Schoße der Bürgerwehr selbst hervorgehen, um auf Popularität und praktisch politische Befriedigung, die nothwendigen Vorbedingungen seiner Geltung, Anspruch zu haben. Das bloße Vertrauen vermöge nicht 26,000 Menschen zusammen zu halten, man möge sich daher über die Wahl einer Commission zum Entwurf des Statuts einigen. Das Resultat der in Folge dieser Einleitung entstandenen Debatte war, daß man übereinkam, eine Commission zu wählen, welche aus 2 Militärs, 2 Juristen, den 5 Führern des fliegenden Corps und 6 Mitgliedern aus dem praktischen Bürgerstande bestehen solle. Es wurden bestimmt: Oberstlieutenant a. D. v. Stülpnagel, Major a. D. v. Krutisch als Militairpersonen, Justizcommissarius Licht und Assessor Pohle als Juristen, Professor Hensel, Dr. Grosse, Student Brandt, Kaufmann Hoffmann, Lieutenant a. D. Patzke als Führer des fliegenden Corps; Kaufmann Benda, Dr. Woeniger, Fabrikbesitzer Borsig, Destillateur Haak, Bildhauer Holbein und Secretair beim rheinischen Appellationshofe Zeller aus dem practischen Bürgerstande. Nach beendeter Wahl wurde noch durch Stimmenmehrheit bestimmt, jede Compagnie habe aus ihrer Mitte durch Urwahl einen Vertrauensmann, der mit ihren Wünschen bekannt geworden sei, zu einer Generalversammlung abzuordnen; diese setze dann in gemeinschaftlicher Berathung und Beschlußnahme das Statut in letzter Instanz fest, welches so lange Gültigkeit habe, bis das durch die Vertreter der Nation zu berathende Statut zum allgemeinen Staatsgesetz für die preußische Bürgerwehr erhoben sei.

Die Commission versprach sogleich ans Werk zu gehen und in 14 Tagen ihren Entwurf den Vertrauensmännern vorzulegen.

Dieses Versprechens erinnerte ich mich, als am 15. Juni, dem Tage wo ich, nach dem Rücktritt des General-Major v. Aschoff der am 2. Juni erfolgt war, durch die Wahl der Führer im Kgl. Marstall-Gebäude interimistisch mit dem Commando der Bürgerwehr betraut wurde und von allen Seiten die Aufforderung an mich erging, für den schleunigen Erlaß des Status zu sorgen. Ich versprach es und that deshalb die nöthigen Schritte, welche auch den Erfolg hatten, daß die erwählte Commission, durch die damaligen Ereignisse in Fortsetzung ihrer Sitzungen gestört, von neuem zusammentrat und die Vollendung des angefangenen Werkes förderte. Um eben diese Zeit war von Seiten des Staatsministeriums der

Oberst v. Griesheim beauftragt, in Bezug auf Berathung über ein Bürgerwehrgesetz mit dem Bürgerwehrcommando in Verbindung zu treten, und von diesem ersucht, seine Vorschläge der gewählten Commission zu übergeben, auch deren Berathungen, sofern es seine Zeit erlaube, beizuwohnen. Bei dieser Gelegenheit zeigte der Oberst v. Griesheim der Commission an, daß der ministerielle Entwurf eines allgemeinen Bürgerwehrgesetzes mit Ende der Woche an die Nationalversammlung abgehen würde und dann auch sofort zur Einsicht der Commission gelangen könne. Die Letztere nahm dieses Anerbieten um so lieber an, als man die bringende Nothwendigkeit erkannte, die Statuten nicht bis zur Emanirung des Gesetzes zu verschieben, sondern provisorisch sobald als möglich in Kraft treten zu lassen. Eine Einsicht in den Entwurf würde dann verhindern, daß nach Erlaß des Gesetzes eine zu große Differenz mit den Berliner Statuten stattfände. Die auf ein Statut harrenden Hauptleute und Führer der Bürgerwehr wurden mit dieser Hoffnung getröstet, als ihnen am 24. Juni noch keine Thätigkeit der zusammengetretenen Commission ersichtlich war. Diese Angelegenheit wurde über Gebühr verzögert, und erst als die vom 6. Juli datirte Königliche Botschaft endlich den lang erwarteten allgemeinen Gesetzentwurf für die Bürgerwehr zur Kenntniß der Nationalversammlung und zu ihrer Berathung brachte, konnte man vorwärts schreiten. Die Commission hatte während der Zeit die Früchte ihrer Arbeit, nämlich zwei Entwürfe, einen umfassenden, alle Verhältnisse der Bürgerwehr ordnenden, von 53 Paragraphen, und einen kürzeren, nur die allernöthigsten Bestimmungen provisorisch feststellenden drucken und an die Compagnien zur gutachtlichen Beurtheilung vertheilen lassen, dieselben auch aufgefordert, ihre Vertrauensmänner am 11. Juli nach dem Hörsaale des Gymnasiums zum grauen Kloster abzuordnen, um mit der Berathung zu beginnen.

Mittlerweile war aber auch die in Aussicht gestellte Mitwirkung der städtischen Behörden durch das Ministerium des Innern angeregt, denn in der Sitzung der Stadtverordneten-Versammlung vom 29. Juni wurde ein Schreiben angenommen, in welchem die Stadtverordneten den Magistrat aufforderten, ein Statut für die Bürgerwehr zu entwerfen. „Es sei ein in der Geschichte unerhörtes Ereigniß, daß man eine bewaffnete Macht mit so ausgedehnten Befugnissen, wie die Bürgerwehr, ohne Gesetz bestehen lasse. Andrerseits dürfe aber die Bürgerwehr als bewaffnete Macht über ihre Statuten nicht selbst abstimmen; ja die Stadtverordneten protestirten im Namen der jungen Freiheit gegen jeden Versuch der Bürgerwehr, sich selbst Gesetze zu geben; sie dürfe nur eine berathende, aber keine beschließende Stimme dabei haben; der Magistrat sei ihr natürlicher Schirmherr, der Magistrat solle daher auch sofort das Statut ausarbeiten und dem Staatsministerio einreichen, damit es auf dem verfassungsmäßigem Wege zum Gesetz erhoben werde. Ebenso möge der Magistrat auch dahin wirken, daß die fliegenden Corps als selbstständige Abtheilungen aufgehoben oder wenigstens vermindert, jedenfalls aber dem allgemeinen Gesetz der Bürgerwehr untergeordnet würden. Die Absonderung sogenannter „illustren" Abtheilungen der Bürgerwehr sei ungeeignet und der allgemeine Eintritt in die Reihen der Mitbürger im Geiste der Zeit." Endlich wird derselbe noch zu dem allerschleunigsten Erlaß der Special=Wehrordnung für Berlin bringend aufgefordert, indem die Zeit zu ferneren Berathungen jetzt nach Ablauf von 14 Wochen vorüber sei, und hervorgehoben, daß der Magistrat bei dieser Gelegenheit die natürliche Unterordnung der Bürgerwehr unter die Communalbehörden in allen nicht strategischen Sachen rasch und energisch geltend machen möge." —

Es konnten also den Vertrauensmännern am 11. Juli vorgelegt werden:

1) zwei Entwürfe der Commission, ein großer und ein kleiner von Dr. Woeniger redigirt, in welchen er nach seinem Ausspruch insbesondere von dem Grundsatz vollkommener Unabhängigkeit und Selbstständigkeit der Bürgerwehr ausgegangen, die sich nicht der städtischen Behörde unterordnen, sondern ganz auf ihrer eigenen unabhängigen Administration beruhen solle;

2) der Ministerial=Entwurf, von welchem die Central=Abtheilung zur Berathung des Bürgerwehrgesetzes behauptete, daß nach ihm der Zweck der Bürgerwehr ein vorherrschend polizeilicher zu sein scheine;

3) die Verhandlung der Stadtverordneten=Versammlung vom 29. Juni, in welcher der Bürgerwehr auf ein Statut Hoffnung gemacht wurde, daß sie unter die Communalbehörden stellte.

Es mußte daher die Frage aufgeworfen werden: „Soll man überhaupt bis zum Erscheinen des neuen Bürgerwehrgesetzes noch ein Provisorium berathen?"

Diese Frage wurde mit großer Majorität verneint, in der Hoffnung, die Nationalversammlung werde die Berathung des Bürgerwehrgesetzes beschleunigen; dies geschah indeß nicht und hier=

durch wurde leider der gesetzlose Zustand in's Ungewisse verlängert und die Desorganisation der Bürgerwehr befördert; nur der Enthusiasmus für die Sache und das Bewußtsein der übernommenen Verpflichtung konnte von den vielfach gelichteten Reihen eine kleine Schaar zusammenhalten; das gelang nur durch öftere Anregung und Ansprachen, in welcher der Bürgerwehr eine größere Bedeutung als die polizeiliche beigelegt werden mußte.

II.
Die fliegenden Corps.

Gleichzeitig mit Errichtung der Bürgerwehr bildeten sich bei den Studirenden der hiesigen Universität und in den verschiedenen Handwerker-Vereinen bewaffnete Corps, welche durch Patrouillen für die Ruhe und Sicherheit der Stadt wirkten. Aus jungen Leuten bestehend, die aus den Vereinen mit einander bekannt waren, gelang es namentlich dem Corps der bewaffneten Handwerker, sich schnell in den einfachsten militairischen Bewegungen auszubilden und, obwohl nur mit Säbeln bewaffnet, mit einiger militairischer Ordnung aufzutreten. Viel trug dazu auch der Umstand bei, daß sich sehr viele Leute unter ihnen befanden, die erst seit Kurzem aus dem Heere geschieden, in welchem sie ihre Dienstzeit geleistet hatten und daher vollständig einexercirt waren und ihren Kameraden guten militairischen Unterricht zu ertheilen vermochten. Beide Corps, das des bewaffneten Studenten- und das des Handwerker-Vereins, wurden in den ersten Tagen nach dem 18. März überall mit Achtung vom Publikum begrüßt und deshalb auch sehr bald vollständiger bewaffnet; denn das Corps der Studirenden, anfänglich nur mit Hirschfänger versehen, erhielt Büchsen und ein Theil der bewaffneten Handwerker Gewehre. Etwas später wurde das fliegende Corps der „Künstler" organisirt, in welchem Bauräthe und Oberbauräthe gleichzeitig mit den Eleven der Bauschule Dienst thaten. Der Professor und Historienmaler Hensel führte es und hatte es mit Erlaubniß S. M. des Königs gebildet, um besonders die in der Hauptstadt mannigfach verbreiteten Kunstschätze zu schützen, indem der Bürgerwehr die Orte ihrer Aufstellung weniger bekannt sein konnten, als den Künstlern und ihren Eleven. Der Professor Hensel soll auch mit der speziellen Beaufsichtigung des Schlosses betraut worden sein, wenigstens hatten sich die Künstler in den an den Garde du Corps-Saal anstoßenden Zimmern, wie auch die

Studirenden in den an den Schweizersaal stoßenden, vollständig eingerichtet. Es gelang mir, diese königlichen Zimmer im Laufe des Sommers ihrer Bestimmung wiederzugeben. Später trennten sich die Eleven der Bauschule von den Künstlern, weil sie wegen ihrer Studien nicht den ganzen Dienst zu leisten vermochten; um jedoch ihre Bereitwilligkeit zu zeigen, sich soviel es ihre Zeit erlaubte, bei dem Bürgerwehrdienst zu betheiligen, wünschten sie, späterhin ein besonderes fliegendes Corps zu bilden. Dies konnte jedoch nicht mehr zugegeben werden, weil es zu einer Zeit geschah, in welcher man von der Zweckmäßigkeit der fliegenden Corps eine andere Meinung bekommen hatte, auch die Einführung des Bürgerwehrgesetzes in Aussicht stand.

Diese 3 fliegenden Corps schlossen sich zwar dem Bürgerwehr-Commando an, empfingen die Parole und allgemeine Dienstbestimmungen von demselben, stellten sich aber damals noch nicht vollständig unter das Commando. Dies behauptete wenigstens Professor Hensel noch am 30. Mai in der Urania bei Gelegenheit der Wahl der Commission zum Entwurf der Statuten, gegenüber dem Bedenken des Stadtverordneten Holbein, der hervorhob, daß die fliegenden Corps nicht als außerhalbstehend, sondern als integrirender Theil der Bürgerwehr betrachtet werden müßten. Das Bestreben, etwas Besseres sein zu wollen als der große Haufe und sich in geschlossenen Corps von der Allgemeinheit zu sondern, zeigte sich auch in der Bürgerwehr. Die Annehmlichkeit gebildeter Nebenleute, geschmackvollerer Uniformen, vielleicht auch des regelmäßigeren Dienstes (da man des Anstands halber in dieser Zeit doch Dienst thun mußte) hatte zu viel verlockendes, um nicht den Wunsch, dieser Annehmlichkeiten theilhaftig zu werden, entschuldigen zu können, wenn man damit auch einen Sprung über die neuerrungene Gleichberechtigung hinwegthat! Es entstanden daher sehr bald und zwar im Laufe des April noch mehrere fliegende Corps, die sich jedoch unter das Bürgerwehrcommando stellten und von welchen die "National-Scharfschützen-Compagnie" und das Corps der jungen Kaufmannschaft als eigene fliegende Corps betrachtet wurden, wiewohl das letztere dem 5. Bataillon Bürgerwehr zugetheilt ward.

Späterhin, als das Allarmiren mit dem Horn von dem Generalmarsch mit der Trommel unterschieden werden mußte, um nicht die ganze Stadt bei oft sehr unbedeutenden Veranlassungen zu beunruhigen, zeigte sich die Unzulänglichkeit der fliegenden Corps zur Wiederherstellung etwa plötzlich gestörter Ruhe, weil die Mitglieder

derselben, welche durch die ganze Stadt zerstreut wohnten, nicht mittelst Hornsignals, sondern nur durch Bestellung vereinigt werden konnten, worüber oft ein halber Tag verstrich. Außerdem bestanden schon, bevor ich das Commando übernommen hatte:
bei dem 10. Bataillon die Friedrichsstädtische Schützen=Compagnie;
„ „ 17. „ 4 Maschinenbauarbeiter=Compagnieen;
„ „ 22. „ die Königstädter Schützen=Compagnie, die Veteranen=Jäger und Veteranen=Schützen. Diese waren, ihrer Organisation nach, eigentlich auch fliegende Corps, nur daß die Mitglieder der 3 erstgenannten Abtheilungen in den Bataillonsrevieren, wenigstens dem größten Theile nach, wohnten und beim Zusammentreten des Bataillons, zu dem sie gehörten, dem Hornruf Folge leisten konnten.

Die Sucht, fliegende Corps zu bilden und sich von den Bürgerwehrbezirken abzusondern, war aber so allgemein geworden, daß ich bis zum Herbst dagegen steuern mußte, selbst noch bis zu dem Augenblick, wo sich das Bürgerwehrgesetz gegen deren Fortbestehen aussprach. In der Regel wollten die Bittsteller kein besonderes fliegendes Corps, sondern nur eine Schützen=Compagnie innerhalb des Bataillons=Bezirks bilden, unter der Angabe, den Dienst präciser zu leisten und so gleichsam den anderen Compagnien als Muster zu dienen. Da indeß keine Gewähr dafür war, daß die Mitglieder immer in dem ursprünglichen Bezirk wohnen bleiben würden, so konnte ich auf solche Gesuche nicht eingehen. Aus diesem Grunde hat sich auch unter meinem Commando nicht ein einziges neues fliegendes Corps gebildet, vielmehr ordneten sich die bestehenden mehr dem Commando der Bürgerwehr unter, als es früher geschehen. Gegen einige der obengenannten fliegenden Corps herrschte ein gewisses Mißtrauen, man betrachtete sie als feindliche Elemente der Bürgerwehr und glaubte, sie bei Unruhen den Tumultanten nicht genug entgegenstrebend. Dieser Verdacht wurde zum Theil dadurch erregt, daß das Volk jene fliegenden Corps stets mit einem Hurrah empfing, während es gegen die Bürgerwehrabtheilungen oft die heftigsten Schmähreden ausstieß. Hauptsächlich gründete sich dieses Mißtrauen auf die Theilnahme der Corps an allen Clubs und Volksversammlungen, und auf die Vorwürfe, welche einzelnen Gliedern derselben am Tage des Zeughaussturmes gemacht werden konnten. Aber auch komische Scenen entstanden aus diesem Mißtrauen; von Seiten des Commandos waren an einigen unruhigen Tagen kleine Patrouillen Studirender, aus etwa 6—10 Mann be=

stehend, nach einzelnen bedrohten Thoren geschickt. Regelmäßig kam alsdann eine Meldung zurück, es hätten sich 60 Studenten mit Büchsen am Hamburger Thor blicken lassen, und würden, in Vereinigung mit den Maschinenbau-Arbeitern, bewaffnet in die Stadt ziehen. Am 26. August waren etwa 200 Studenten und Handwerker auf dem Hofe des Palais des hochseligen Königs consignirt; da alles in der Stadt ruhig blieb, wurden sie um 10 Uhr entlassen, und ein Theil derselben marschirte über die Herkulesbrücke nach Hause. Schnell verbreitete sich das Gerücht, 600 Studenten und Handwerker beabsichtigten die Stadtvogtei zu stürmen. Ein in der Nähe des Molkenmarkts wohnender Major der Bürgerwehr wurde von den Hausoffizianten des Polizei-Präsidiums aufgefordert, sein Bataillon allarmiren zu lassen; dies geschah, und das Bataillon stellte sich am Krögel auf, um den Stürmenden entgegenzutreten. Diese lagen aber wahrscheinlich schon lange in ihren Betten, als mir nach Mitternacht die Meldung von dem Allarmieren des Bataillons und seiner Aufstellung gemacht wurde, in welcher es bereits über zwei Stunden vergeblich geharrt. Bei den fünf anerkannten fliegenden Corps hielten vier, nämlich Studirende, Handwerker, Künstler und junge Kaufleute eng zusammen und scheinen sich in der letzten Zeit einen gemeinschaftlichen Führer, den ehemaligen Rittmeister Vorpahl, gewählt zu haben, welcher sich am 3. November Abends bei mir in dieser Eigenschaft meldete. Ich konnte diese Meldung nicht acceptiren und erklärte in der Versammlung der Majore den Commandeuren der fliegenden Corps, daß ich zwar Führer von fünf fliegenden Corps, aber keinen Commandeur sämmtlicher fliegenden Corps kenne, und daß dergleichen Überschreitungen gegen das bereits in Kraft getretene Bürgerwehrgesetz unstatthaft seien, worauf die Herren jene Meldung als eine ungerechtfertigte anerkannten und Herrn Vorpahl desavouirten.

Waffen der Bürgerwehr.

Nach der Bekanntmachung des Commandanten General-Major v. Thümen vom 24. November 1848 hat die Bürgerwehr im Ganzen vom Zeughause verabreicht erhalten 23,360 Gewehre, 1400 Büchsen, 1375 Hirschfänger, 4025 Säbel.

Vom 20. März an wurden nur gegen Quittung der Bezirksvorsteher Gewehre und Säbel von der Zeughausverwaltung verabreicht; anfangs erhielt jeder Bezirk 50 Gewehre, aber schon in den letzten Tagen des März befanden sich einige starke Compagnien, die sich beim Empfang herangehalten hatten, im Besitze von 200 Gewehren und darüber, doch war keine Compagnie vollständig bewaffnet, was sowohl dem Dienst als auch der ersten Ausbildung schadete, denn viele Leute, welche sich zum Eintritt in die Bürgerwehr gemeldet hatten, mußten wegen Mangel an Waffen zurückgelassen, und die mit Waffen versehenen in demselben Maaße häufiger herangezogen werden. Die dadurch entstehende ungleiche Belastung, welche in der ersten Zeit nicht so sehr beachtet wurde, veranlaßte indeß die Compagnien, Gewehrdepots zu errichten, aus welchen die zum Dienst commandirte Mannschaft die Gewehre empfing und nach beendetem Dienst wieder abgab. Da indeß nicht sämmtliche Gewehre in die Depots gestellt werden durften, um sogleich eine Anzahl bewaffneter Leute auf den ersten Ruf sammeln zu können, so hob diese Einrichtung keineswegs die Ungleichheiten in der Dienstleistung auf, erregte vielmehr Zwietracht, indem anfangs diejenigen Wehrmänner, welche sich ihre Gewehre aus den Depots holen mußten, auf die eifersüchtig waren, welche Waffen empfangen hatten, und erklärten, sie würden keinen Dienst mehr thun, wenn sie nicht auch Gewehre erhielten. Späterhin, als der erste Eifer nachgelassen, weigerten sich umgekehrt die mit Gewehren versehenen Wehrmänner Dienst zu thun, bevor nicht auch die anderen, ohne Waffen, herangezogen worden seien. General=Major v. Aschoff, der als Militair die Nachtheile erkannte, welche aus der unzulänglichen Anzahl der verabreichten Gewehre entstehen würden, sorgte für die Nachlieferung einer hinlänglichen Zahl derselben, die gewiß auch gereicht hätte, wenn eine nach dem Bedarf verhältnißmäßige Vertheilung möglich gewesen wäre; so aber sorgte jede Compagnie nur für sich, ohne das Ganze ins Auge zu fassen. So kam es dahin, daß im Monat Juni einzelne Compagnien schon ihre Rottenführer mit Gewehren bewaffneten und Reservedepots für neu anzuwerbende Mannschaften anlegten, während andere über Mangel an Gewehren klagten. Vergebens waren alle Versuche, die reichlich versehenen Compagnien zur Abgabe ihrer überzähligen Gewehre zu disponiren, um eine Ausgleichung zu treffen, obwohl nach Einziehung der Landwehr und Errichtung der Schutzmannschaft die Zahl der Reservegewehre bei einigen Compagnien über fünfzig betrug. Die Compagnien entschuldigten sich in der Regel damit, daß sie die Verantwortlichkeit über die gegen Quittung der Bezirksvorsteher empfangene Zahl Gewehre behielten, daß das zu verantwortende Bürgerwehrgesetz diejenigen Mitbürger, welche sich bisher

dem Dienste entzogen hätten, zur Leistung desselben nöthigen
würde, und daß dann die in Reserve stehenden Gewehre kaum aus=
reichen dürften, alle neu hinzukommenden Wehrmänner zu bewaffnen.
Die Bürgerwehr erlitt aber auch Verluste an Gewehren, besonders
an den Tagen des Zeughaussturmes und den Unruhen auf dem
Cöpnikerfelde, indem die Waffen theilweise mit Gewalt aus den
Häusern geholt, theilweise den einzelnen zum Sammelplatz eilenden
Wehrmännern entrissen wurden. Um sich vor größeren Verlusten
zu schützen, gaben die Compagnien den Befehl an die Wehrmänner,
ihre Gewehre in den Wohnungen zu verbergen, damit sie während
ihrer Abwesenheit nicht weggeholt werden konnten. Ebenso mußte
man schon im Sommer Reservegewehre und Munitionsvorräthe an
versteckten Orten aufbewahren und öfter mit diesen Verstecken
wechseln, um sie vor der stets regen Aufmerksamkeit der Volks=
haufen zu verbergen. Trotzdem das Gewehr mit dem Bajonett
für eine Bürgerwehr bei allen Tumulten die beste Waffe ist, hatten
viele Wehrmänner eine große Neigung für die Büchse, eine weit
weniger zweckentsprechende Waffe, besonders wenn dieselbe keine
Vorrichtung hat, einen Hirschfänger aufzustecken, wie es bei den
meisten Privatbüchsen der Fall ist. Der Wehrmann, der sich selbst
eine Waffe anschaffte, kaufte sich in der Regel eine Büchse, selbst
wenn er nicht in die besondere Schützenabtheilung trat, welche bei=
nahe jede Compagnie gebildet hatte. Die mit Büchsen bewaffneten
Leute machten keinen unbedeutenden Theil der ganzen Bürgerwehr
aus und konnten sich wohl bei einzelnen Bataillonen bis auf 100
Mann belaufen; selbst die Mehrzahl der fliegenden Corps (nur
die Handwerker und jungen Kaufleute erhielten Gewehre) waren
mit Büchsen bewaffnet; das Corps der Künstler tauschte sogar die
ursprünglich empfangenen Gewehre gegen Büchsen um. Ein großer
Theil der aus dem Zeughause empfangenen Büchsen bestand aus
alten abgelieferten Jägerbüchsen, welche die Wehrmänner erst mit
oft nicht unbedeutenden Kosten hatten wiederherstellen lassen; aber
so groß war die Vorliebe für diese Bewaffnung, daß die Leute
lieber selbst unbrauchbare Büchsen als gute Gewehre nahmen.
Außer der berittenen Bürgerwehr hatten noch die Rottenführer der
meisten Compagnien Cavallerie=, einige aber auch Infanterie=Säbel
empfangen. Im Anfang, als der Zudrang zur Bürgerwehr noch
sehr groß war, und die höchsten Beamten es angemessen fanden,
wenigstens einige Dienste in derselben zu leisten, gab man ihnen
Cavallerie=Säbel; ebenso den Subaltern=Beamten, welche den Tag

hindurch in den Büreaus beschäftigt, sich des Abends bei den Compagnieversammlungen einfanden und zum Patrouillendienst meldeten. Später kamen die Cavalleriesäbel größtentheils in die Waffendepots der Compagnien. Das Kriegsministerium hatte übrigens die Absicht, einen Theil derselben gegen alte Hirschfänger umzutauschen, als die Unteroffiziere und fahrenden Artilleristen der Fußartillerie mit Säbel bewaffnet, und daher Cavalleriesäbel für die Armee gebraucht wurden. Was nun die übrigen Armaturstücke anbetraf, als Gewehrriemen, Patrontasche ꝛc., so wurden sie erst im April und dann in unzureichender Anzahl vertheilt; es galt dabei das Recht des zuerst Zugreifenden, denn nachdem einige schnell zum Anfang hineilende Compagnien sich für ihre ganze Stärke wohl versehen hatten und nichts wieder herausgaben, blieb noch ein Rest übrig, der an alle Bataillone gleichmäßig vertheilt wurde und wovon jede Compagnie einige Probestücke empfing.

Stärke der Bürgerwehr.

Die Stärke der Bürgerwehr konnte immer nur annäherungsweise angegeben werden, indem die aus einem Reviere verzogenen Wehrmänner — welche ihre Gewehre an die Bezirkscompagnien, deren Revier sie verließen, abgeben mußten — sich sehr oft nicht wieder zum Eintritt in die neue Bezirkskompagnie meldeten und folglich aus der Bürgerwehr austraten. Unstreitig war sie kurze Zeit nach ihrer Errichtung am stärksten, als die Beamten durch Ministerial-Rescript aufgefordert wurden, sich soviel es ihre Geschäfte erlaubten, beim Bürgerwehrdienst zu betheiligen. Nachdem der Präsident v. Minutoli sein Amt niedergelegt hatte, verließ ein großer Theil der Polizeibeamten die Bürgerwehr, ihnen folgte ein Theil des Richterstandes, namentlich die meisten Criminalrichter, weil der Justizminister Bornemann, um jedem etwaigen Bedenken gegen die Unparteilichkeit der Richter vorzubeugen, das Gericht darauf aufmerksam, gemacht hatte, ob es nicht besser sei, wenn die Criminalrichter sich namentlich bei tumultarischen Auftritten der Theilnahme an den Funktionen der Bürgerwehr enthielten. Den empfindlichsten Verlust erlitt sie, als am 15. Juni die Landwehr einberufen wurde, wodurch man ihr die besten Kräfte raubte. Nach einer Ende Juni eingeforderten Liste, behufs Regulirung des Wachtdienstes gaben die Bataillone folgende Stärke an:

	2. Bataillon	7.	Compagnie	1149	Mann
Nilolai-Kirche	3.	„	4.	„	566	„
Parochial-Kirche	4.	„	4.	„	584	„
Petri-Kirche	5.	„	6.	„	900	„
Wallstraße	6.	„	5.	„	806	„
Nieder- u. Oberwallstr.	7.	„	5.	„	840	„
Linden	8.	„	6.	„	928	„
Gensdarmenmarkt	9.	„	6.	„	1231	„
Dönhofsplatz	10.	„	8.	„ inkl.
	der Friedrichstädtischen Schützen	1535	„
Potsdamer Thor	11. Bataillon 6. Compagnie	1060	„
Anhalter Thor	12.	„	4.	„	797	„
Belle-Alliance-Platz	13.	„	6.	„	860	„
Louisenstädt. Kirche	14.	„	4.	„	940	„
Cöpnikerfeld	15.	„	6.	„	966	„
Karlsplatz	16.	„	5.	„	1183	„
Oranienburger Thor	17.	„	8.	„ incl.
	4 Comp. der Maschinenbauarbeiter	1200	„
Sophienkirche	18. Bataillon 6. Compagnie	1206	„
Schönhauser Thor	19.	„	5.	„	1100	„
Alexander Str.	20.	„	6.	„	934	„
Arbeitshaus	21.	„	4.	„	600	„
Landsberger Thor	22.	„	4.	„ incl.
	der Königstädter Schützen-Comp.	686	„
Frankfurter Thor	23. Bataillon 4. Compagnie	740	„

Summa 22 Bataill. 119 Comp. 20,811 Mann

Hierzu müssen noch gerechnet werden:

1 Bataillon Schützengilde	360 Mann
das fliegende Corps des bewaffneten Handwerkervereins	450 „
„ „ „ der „ Künstler	380 „
„ „ „ „ „ Studirenden	200 „
„ „ „ „ National-Scharfschützen	170 „
„ „ „ „ jungen Kaufmannschaft	100 „
„ „ „ „ Veteranen, Schützen und Jäger	131 „

22,602 Mann.

Es war dies immer noch eine imposante Macht, wenn sie ordentlich organisirt, militairisch ausgebildet, durch Gesetz und Disciplin geregelt worden, und vollständig erschienen wäre. Die mittlere Stärke, in welcher die Bataillone zum Dienst antraten, betrug durchschnittlich nur:

2. Bataillon 400 Mann
3. „ 250 „
4. „ 250 „
5. „ 400 „
6. „ 300 „
7. „ 300 „
8. „ 400 „
9. „ 250 „
10. „ 450 „ incl. der Friedrichstädtischen Schützen-Compagnie
11. „ 350 „
12. „ 200 „
13. „ 250 „
14. „ 400 „
15. „ 300 „
16. „ 400 „
17. „ 700 „ mit den 4 Maschinenbauarbeiter-Comp.
18. „ 350 „
19. „ 450 „
20. „ 500 „
21. „ 250 „
22. „ 300 „ incl. der Königstädtischen Schützen
23. „ 350 „
7800 Mann.

Auch diese Stärke wurde in den meisten Fällen nicht erreicht, um nur einige Beispiele anzuführen: Am 5. October, dem Tage der sogenannten Eselsdemonstration, erschien ein Bataillon, welches noch dazu du jour hatte und im Schlosse aufgestellt werden sollte, erst 3½ Stunden nach begonnenem Allarm etwa 70 Mann stark und verstärkte sich bis gegen Abend auf 120 Mann. Am 17. October erhielt ich von einem der Majore folgendes Schreiben: Ich habe, so leid es mir thut, dem Befehle, mit dem Bataillon in den Hof des Kgl. Palais einzurücken, bis jetzt nicht entsprechen können. Das Bataillon hat bis jetzt, nachdem seit zwei Stunden allarmirt worden, noch nicht die Stärke einer Compagnie erreicht, von einigen Compagnien sind kaum 15—20 Mann erschienen. Ich habe angeordnet, daß die Hauptleute ihre gesammelten Mannschaften bis auf weiteren Befehl bei sich zusammenhalten sollen, und bitte um schleunigen

Befehl, ob ich mit dem Bataillon, welches jetzt ungefähr 140 Mann zählt, nach dem bezeichneten Punkte abmarschiren soll.

An Tagen jedoch, wo bedeutende Unruhen in der Stadt befürchtet wurden oder stattfanden, erschienen mehrere Bataillone zahlreicher; so am 25. September das 6. mit 600 das 7. mit 1000 Mann, am 16. October das 20. mit seiner ganzen Stärke. Die Schützengilde welche sich mit anerkennenswerthem Eifer allen Bürgerwehrdiensten unterzog, konnte, da sie durch die ganze Stadt zerstreut wohnte, nur in Folge einer Bestellung oder des Generalmarsches als Bataillon auftreten. Dessenungeachtet reihte sich ein Theil derselben, besonders in letzterer Zeit den Bataillonen an, in deren Revieren sie wohnten, sobald mit dem Horn allarmirt wurde. Einige Rücksicht wurde beim Allarmiren des 17. Bataillons genommen, um nicht die Maschinenbauer im Betriebe ihres Geschäfts zu stören; deshalb trat zuweilen das Bataillon ohne diese an, obwohl nach Schluß der Werkstätten die Maschinenbauarbeiter-Compagnien stets sehr bereit waren ihren Bürgerdienst zu leisten. Wenn es wahr sein sollte, wie mir so oft mitgetheilt worden, daß bei den Compagnien und Bataillonen beinah immer dieselben Wehrmänner kamen, sobald geblasen wurde, so war es gewiß betrübend, daß ein so zahlreiches Corps von Männern, die freiwillig und mit Begeisterung die Waffen empfing, in der kurzen Zeit von 6 Monaten so zusammenschmolz, daß etwa noch ein Drittheil übrig blieb, welches die übernommenen Verpflichtungen erfüllte, und wer waren diese? Man durfte sich nicht wundern in jedem Bürgerbataillon mehr Arme als Reiche zu finden, denn die Zahl der Ersteren ist überall überwiegend, auch ist es ausgemacht, daß viele Beamte und vermögende Leute bis zum letzten Augenblick mit Aufopferung ihrer Privatgeschäfte willig ihren Dienst in der Bürgerwehr gethan haben, doch ist es sicher, daß bei weitem die Mehrzahl der Begüterten sich nach und nach zurückzog und damit den armen Leuten und kleinen Handwerkern die ganze Last des Dienstes aufbürdete.

Die berittene Bürgerwehr.

Die ganze berittene Bürgerwehr der Stadt Berlin bestand aus einer Escadron, deren Stärke 160 Pferde betrug. Die Escadron war in 4 Zügen nach den 4 Hauptabtheilungen der Stadt abgetheilt und von jedem Zuge wurden in der ersten Zeit allabendlich der betreffende Stadttheil als auch dessen nächste Umgebung vor den Thoren patrouillirt. Die Patrouillen der einzelnen Züge standen miteinander in Verbindung und machten ihre Meldungen dem Commando. Als späterhin, bei dem immer mehr zunehmenden Bürgerwehrdienst, der Sicherheitsdienst außerhalb der Stadt dem Militair übertragen und in der Stadt die Schutzmannschaft eingeführt wurde, hörten zwar diese täglichen Patrouillen auf, der Ordonnanzdienst im Centralbüreau dauerte jedoch fort, und war in unruhigen Zeiten nicht unbedeutend. Außerdem mußte die berittene Bürgerwehr bis Ende Juli die Artillerie-Fuhrwerke welche nach dem Schießplatze der Jungfernheide fuhren und öfter von den Arbeitern an den Rehbergen angehalten worden waren, mit einem Begleitungscommando versehen. Andere Commandos wurden auf Requisition der Bau-Commission nach den Arbeitsplätzen außerhalb der Stadt, namentlich beim Canalbau an der Jungfernheide, gestellt. Bis zur Einziehung der Landwehr wurden auch Abtheilungen der Bataillone dorthin geschickt, namentlich wenn Unruhen wegen Accordarbeit oder Ablöhnung der Arbeiter befürchtet wurden, indeß war dies immer wegen des weiten Hin- und Rückmarsches und langen Aufenthaltes an der Arbeitsstelle, ein für die Bürgerwehr sehr bedeutender Dienst. Als nun der Billigkeit gemäß die Landwehr diesen Dienst übernahm, mußte jedesmal ein Commando berittener Bürgerwehr sich denselben anschließen, um bei ausbrechenden Unruhen, vor dem Einschreiten des Militairs, den Weg der Vermittelung zu versuchen. (So befanden sich z. B. am 29. Juli eine Abtheilung von etwa 4 berittenen Wehrmännern und 1 Compagnie Landwehr bei der Arbeitsstelle des Spandauer Canals bei Plötzensee. Hier war ein Theil der Berliner Arbeiter in Tagelohn beschäftigt worden, hatte dies aber dergestalt gemißbraucht, daß die Behörden genöthigt waren, wieder Akkordarbeit eintreten zu lassen, zu welcher sich auch die Spandauer und Charlottenburger Arbeiter, die an einer Stelle arbeiteten, bereit erklärt hatten. Dies verursachte einen Zwiespalt; die Berliner, mit ihren Arbeitsgeräthen bewaffnet, zogen gegen die Charlottenburger und baten sogar die Landwehr um, natürlich verweigerte Unterstützung. Da nun die Landwehr zu schwach war, das ganze Unternehmen zu verhindern, begnügte sie sich, den Arbeitern, mit der berittenen Bürgerwehr zu folgen, bis zur anderen Arbeitsstelle, wo es zum Kampf kam, der mit ziemlicher Erbitterung geführt wurde und in Folge dessen viele Verwundete nach dem Krankenhause gebracht werden mußten. Am andern Tages wurden strenge Maßregeln ergriffen, so daß derartige Vorgänge unterblieben.) Endlich wurden auch Abtheilungen der berittenen Bürger=

mehr zur Einholung einrückender Truppenabtheilungen, zu Paraden ꝛc., kurz dahin beordert, wo die Repräsentanten der Bürgerwehr zu Pferde erscheinen mußten.

Das Centralbüreau, oder Wehramt mußte ein für das Publikum offenes Bureau sein, weil alle Anzeigen und Aufforderungen zur Sicherheit, wenn sie auch häufig auf Irrthum beruhten und oft übertrieben waren, angenommen und geprüft werden mußten. Hierdurch entstand der Nachtheil, daß auch andere Sachen zur Mittheilung an die Compagnien, als ein in alle Klassen des Volkes eindringendes Institut, z. B. ganze Stöße von Druckschriften und Einladungen gebracht wurden. Diesem Uebelstand zu steuern, war ich genöthigt, alle dergleichen Gegenstände abzuweisen, damit das Büreau nur zur Verhandlung rein dienstlicher Angelegenheiten diene. Bei der geringsten Unruhe in der Stadt füllte es sich ohnehin schon mit einer Menge von Personen die theils Nachrichten brachten, theils Befehle empfingen und unter denen sich natürlich auch einzelne mischten, die auf die gegebenen Befehle lauschten und sie ihrem eigenen Zweck gemäß verbreiteten, ohne daß man genau wußte, ob diese Personen zur Bürgerwehr gehörten oder nicht. Ein gleicher Uebelstand fand beim Abschreiben der Parole statt, welche Morgens 7 Uhr begann u. bis Mittag fortwährte, hier mußten die sorgfältigsten Mittel gewählt und strengste Aufsicht geführt werden, damit kein Unberufener Parole und Befehle empfing. Diese Maaßregeln waren noch nicht ausreichend und das Commando sah sich zuletzt genöthigt, in der Parole nur die allgemeinen Befehle mitzutheilen, alle speciellen Anordnungen aber durch versiegelte Zettel und besonders legitimirte Abjudanten zur Kenntniß der Bataillone zu bringen. Beim Generalmarsch mußte das Centralbureau nach dem Schlosse verlegt werden, weil die Erfahrung gelehrt hatte, daß Trupps es umstellten und die Beförderung von Befehlen unmöglich machten. Selbst die persönliche Sicherheit schien im Centralbüreau nicht so befriedigend, daß man unter allen Umständen gesichert sein konnte, und schon im Sommer hegte man Befürchtungen vor einem unvermutheten Ueberfall und entschloß sich für die Möglichkeit des Entkommens in solchem Fall Sorge zu tragen.

Die in der Bürgerwehr entstandenen Clubs.

Im April versammelten sich die Majore und Hauptleute der Bürgerwehr an bestimmten Tagen, welche durch die Zeitungen bekannt gemacht wurden, in der Theerbusch'schen Ressource. Diese Versammlungen würden vom besten Erfolg und allen späteren Vereinen ein großes Gegengewicht gewesen sein, wenn sie einen streng dienstlichen Character unter Präsidium des Commandeurs gehabt hätten. Da sie sich jedoch mehr dem gesellschaftlichen Vergnügen zuneigten, so fanden es die Wehrmänner ungeeignet, davon ausgeschlossen zu sein und forderten nun ebenfalls zu Versammlungen auf, zu welchen auch die fliegenden Corps und die Offiziere der Bürgerwehr eingeladen wurden. So entstand zuerst der Bürgerwehrclub, der sich am 18. April im Marstallgebäude constituirte, an welchem sich mehrere Führer betheiligten, ein Hauptmann sogar einen Statuts=Entwurf überreichte und in einer langen Rede erörterte, daß die Versammlung der Hauptleute keinesweges das ihr gewordene Mißtrauen verdient. Der Bürgerwehrclub constituirte sich als eine freie Vereinigung aller Wehrmänner, welche an den Berathungen Theil nehmen wollten und beschäftigte sich gleich Anfangs mit den zur Organisation der Bürgerwehr erforderlichen gesetzlichen Bestimmungen. Von ihm gingen auch mehrfache Proteste aus, einer am 12. Mai gegen die Zurückkunft des Prinzen von Preußen, ein anderer gegen das Einhängen der Schloßgitter an den Hofmarschall v. Keller. Anbrerseits gab der Club die Anregung der Deputirtenversammlung für die Commandeurswahl und verzichtete darauf, in dieser Versammlung repräsentirt zu werden. Endlich erschien von dem Bürgerwehrclub folgende Aufforderung:

An die verehrlichen Compagnien der Bürgerwehr.

Das Bedürfniß, die vielfachen Fragen welche für die gesammte Bürgerwehr von höchster Wichtigkeit sind, schnell zur Erledigung zu bringen und die Organisation der Bürgerwehr zu beschleunigen, ohne für jeden Fall besondere Veranstaltungen zu treffen, veranlaßt uns, auf den Antrag verschiedener Compagnien einen stehenden Bürgerwehr=Ausschuß (permanente Repräsentation) in Anregung zu bringen. Ausschuß den wir nach folgenden Grundsätzen zu bilden bitten:

1) Sämmtliche Compagnien und Corps wählen auf je 100 Wehrmänner einen Vertrauensmann und einen Stellvertreter. Für 50 oder mehr Wehrmänner, welche nach der Theilung durch 100 in den Compagnien übrig bleiben, ist ein besonderer Vertrauensmann und Stellvertreter zu wählen, für die Zahl unter 50 jedoch nicht.

2) Die Vertrauensmänner erhalten ihr Mandat auf unbestimmte

Zeit, d. h. so lange, bis die betreffende Compagnie eine Neuwahl beschließt.

3) Die Stellvertreter haben das Recht, den Versammlungen mit berathender Stimme beizuwohnen, sind jedoch nur dann stimmfähig, wenn die Vertrauensmänner, welche sie zu vertreten haben, nicht anwesend sind.

4) Der auf diese Weise gebildete Bürgerwehrausschuß hat nur Bürgerwehrangelegenheiten in das Bereich seiner Berathungen zu ziehen. Jeder Vertrauensmann sowohl, als wie jede Compagnie hat das Recht, Anträge an die Versammlung zu bringen.

5) Die Vertrauensmänner haben die Pflicht, jeden Beschluß der Versammlung ihren resp. Compagnien zur Bestätigung vorzulegen. Erfolgt binnen 3 Tagen nach gefaßtem Beschluß kein Widerspruch der Compagnie, so ist deren stillschweigende Zustimmung zu demselben anzunehmen. Auf diese Weise erhalten nur diejenigen Beschlüsse Kraft, welche von der Mehrheit der Compagnien selbst ausdrücklich anerkannt werden.

6) Der Commandeur und die Bataillonsführer haben das Recht, an den Versammlungen sich mit Stimmrecht zu betheiligen.

Wir ersuchen demgemäß die geehrten Compagnien und Corps der Bürgerwehr, Vertrauensmänner in der angegebenen Zahl zu wählen, dieselben mit schriftlicher Vollmacht zu versehen und laden die gewählten Vertrauensmänner zu einer Versammlung auf Sonntag den 30. Juli um 6 Uhr Morgens in Villa Colonna ein, um sich daselbst zu constituiren und die genaueren Bestimmungen über ihre Wirksamkeit selbst festzusetzen. Der unterzeichnete Bürgerwehrclub giebt hierzu nur die Anregung, nimmt jedoch für sich durchaus kein Recht bei dieser Vertretung in Anspruch.

Berlin den 18. Juli 1848.

Der Bürgerwehrclub.

Es ist einleuchtend, daß neben einem solchen Ausschuß kein Bürgerwehr-Commando bestehen konnte, denn wenn auch dem Commandeur und den Bataillonsführern bewilligt wurde, an den Versammlungen sich mit Stimmrecht zu betheiligen, so galten ihre Stimmen doch nur gleich denen der Vertrauensmänner, befanden sie sich bei einer Abstimmung in der Minorität, so mußten sie, wenn sie consequent sein wollten, von ihrem Posten zurücktreten. Daher konnten weder der Commandeur noch die Majore diesen Bürgerwehr-Ausschuß besuchen, der ihre ohnehin unsichere Stellung untergrub und sie als willenlose Werkzeuge unter den Ausschuß stellte.

Mehrere Compagnien dieses einsehend, versagten die Theilnahme an dem Ausschuß, die meisten Vertrauensmänner gaben ihnen aber nicht ein Mandat auf unbestimmte Zeit, sondern nur für gewisse, jedenfalls den Compagnien vorher mitzutheilende Fälle und protestirt gegen den §. 5. Dennoch nahmen die Versammlungen unter zahlreichem Zudrang ihren Anfang. In der ersten Sitzung hatte Professor Lohbauer den Antrag auf Abhaltung einer Parade am 6. August zur Feier der deutschen Einigkeit gestellt, ein Antrag, den die Gesellschaft mit Acclamation annahm, und sofort eine Deputation wählte, um die Zustimmung des Obersten einzuholen und ihn aufzufordern, die Parade zu commandiren. Ich erwiderte, daß ich nicht ermächtigt sei, die Bürgerwehr zu einer Parade zusammenzurufen, daß ich jedoch bereit sei, dem Wunsche der Majorität der Compagnien nachzukommen. Die Herren entfernten sich sichtbar zufriedengestellt und brachten nach 2 Tagen, am 4. August Morgens, als eben eine Majors-Versammlung bei mir war, eine Abstimmung von 80 Compagnien, also eine bedeutende Majorität, welche sich für eine Parade am 6. August erklärten. Um allen weitern Forderungen die Spitze abzuschneiden, erwiderte ich, daß ich in dieser Weise den Ausdruck der Majorität nicht anzuerkennen vermöge, sondern nur auf dem gewöhnlichen Dienstwege durch die Bataillone, indem die Majore unmöglich hierbei übergangen werden dürften. Dieser Ausspruch überraschte die Deputation dergestalt, daß sie die heftigsten Reden ausstieß und mir den Vorwurf machte, ihr diesen dienstlichen Weg nicht gleich mitgetheilt zu haben. Bei den Majoren verursachte er große Freude in Bezug auf die Niederlage des Ausschusses, denn der höhere Zweck war erreicht, die Macht des Ausschusses gebrochen, er ging von dieser Zeit an seiner Auflösung entgegen.

Ende August gründete sich der demokratische Bürgerwehrverein, eine Anfangs unbedeutende Versammlung, die sich aber später durch die ultra-demokratischen Mitglieder der Bürgerwehr verstärkte. Von ihm ging eine Petition an die Nationalversammlung zur Befreiung der politischen Gefangenen, die Eselsdemonstration, die Opposition gegen die Kgl. Cabinetsordre vom 17. October, die Sturmpetition vom 31. Octbr. und mehrere bekannt gewordene Proteste und Plakate aus. Ein Hauptübel dieses Vereins war, daß er den widerstrebendsten politischen und socialen Ansichten in der Bürgerwehr Geltung zu verschaffen suchte, alle Verwaltungsmaßregeln critisirte und damit Anklag fand.

Erster Dienst der Bürgerwehr.

Um einzelne schwache Compagnien nicht allzusehr zu belästigen, sorgte das Commando für eine gleichmäßige Betheiligung sämmtlicher Bataillone an dem Wachtdienst, wobei die Besetzung der Wachen in der Nähe der Reviere immer noch maßgebend blieb, um die einzelnen Wehrmänner nicht zu weit von ihren Wohnungen zu entfernen. Nur an Besetzung einiger Wachen, z. B. Königswache participirten mehrere Bataillone; Schloßwache und Schloßpiket wurden von sämmtlichen Bataillonen der Reihe nach gestellt. Von jedem Revier wurden außerdem täglich Patrouillen gegeben, die namentlich bei schönem Wetter weite Spaziergänge durch die Stadt machten und öfters erst lange nach Mitternacht zurückkehrten. Außer der allgemeinen Theilnahme beim Begräbniß der Gefallenen am 22. März, bei welchem sie zum ersten Mal in geregelten größeren Abtheilungen erschien, erstreckte sich ihre Mitwirkung auch auf das Begräbniß der später ihren Wunden Erlegenen, da die Compagnien im April und Mai noch Abtheilungen stellten, um die Gestorbenen mit militairischen Ehren zu bestatten. — Wenn der Ausmarsch der so lange in Berlin gestandenen Garnison als eine der Hauptursachen betrachtet werden muß, die so manches Unglück über die Stadt brachten, so war durch den Einzug des 24. Regiments der Weg zur Verständigung zwischen Civil und Militair wieder angebahnt, und wurde auch von der Mehrzahl der Bürgerwehr und der Bewohner Berlins so aufgefaßt, denn obwohl man Gegendemonstrationen und Aufreizungen versuchte, fanden sie doch nur geringen Anklang. Das 24. Regiment war am 30. März gegen 2 Uhr Mittags am botanischen Garten aufgestellt und erwartete dort die Ankunft des Commandanten, welcher mit mehreren Generalen zum Empfange desselben hinaustritt. Fast alle Bürgerwehrcompagnien schickten zu gleichem Zweck Abtheilungen vor das Potsdamer Thor, denen sich unaufgefordert mehrere Arbeitercorps mit ihren Führern anschlossen. Das Regiment marschirte mit klingendem Spiel in die Stadt, voran der Commandeur der Bürgerwehr, Präsident von Minutoli an der Spitze der berittenen Bürgerwehr; dann folgten Arbeitercorps und ein Zug der Bürgerwehr unmittelbar vor dem Regiment. Arbeiter, Bürger und Soldaten hatten Hüte und Helme mit Tannenzweigen oder jungem knospendem Grün geschmückt, viele Bürger gingen Arm in Arm mit den Soldaten, Lieder und Lebehochs ertönten von allen Seiten. Die in Spalier aufgestellten Bürgerwehrabtheilungen schlossen sich dem Zuge an, welcher sich wegen der anbrängenden Volksmassen nur langsam vorwärts bewegen konnte. Das Regiment bezog die Casernen des 2. Garde-Regiments und der reitenden Artillerie. Ganz auf ähnliche Weise fand der Einzug zweier Bataillone des 9. Reg. am 31. März vom Stettiner Bahnhofe nach den Casernen am Hallischen Thor, und des 3. Ulanen-Regts. am 1. April durch das Frankfurter Thor statt. Am 2. April trat der vereinigte Landtag im Kgl. Schlosse zusammen, berufen, ein Gesetz zu entwerfen, nach welchem die constituirende Versammlung der preußischen Volksvertreter gewählt werden solle. Bei dieser Gelegenheit wurde das Schloß von Bürgerwehrabtheilungen aller Bataillone umstellt, gewissermaßen eine Ehrenwache, an der die ganze Bürgerwehr Theil nehmen mußte.

Erster Wechsel des Commando's.

Der Präsident v. Minutoli hatte sich genöthigt gesehen, das Commando über die Bürgerwehr niederzulegen, da der ihm gewordene Auftrag, die Reorganisation der Polizei zu bewirken, seine ganze Zeit in Anspruch nahm. In Folge dessen war von den städtischen Behörden eine Candidatenliste zur Neuwahl eines Commandeurs mit folgenden Candidaten aufgestellt: General-Major v. Aschoff, Präsident v. Grollmann, Fabrikbesitzer Borsig, Kaufmann Krug, Professor Maßmann und Stadtverordneten-Vorsteher Fournier. Bei der Vorwahl stellte sich die Nothwendigkeit heraus, sofort wenigstens einen interimistischen Befehlshaber zu wählen, und entschied sich die Wahl für den Generalmajor v. Aschoff, Commandeur der 6. Landwehrbrigade, welcher die Ankündigung der auf ihn gefallenen Wahl im Schlosse empfing und das Commando antrat. Von dieser Zeit an tauchten oft Gerüchte auf, welche die Kräfte der Bürgerwehr etwas schärfer in Anspruch nahmen, als es bisher geschehen war. Das erste, was der neue Commandeur that, war Musterung über die verschiedenen Bataillone zu halten, nachdem diese abgehalten und ein Vorbeimarsch stattgefunden hatte, ließ er in der Regel eine Art Karré bilden und hielt eine Anrede an das betreffende Bataillon, die Vertrauen erweckte und schallende Hochs auf den König, die Prinzen und den Commandeur veranlaßten. Bei dieser Gelegenheit war dem General die zu ungleiche Stärke der Bataillone aufgefallen; er fand sich veranlaßt die Majore und Hauptleute zusammen zu rufen um eine zweckmäßigere Einrichtung vorzuschlagen. In dieser Versammlung äußerte der

General auch, daß dem Militair, welches man beim Einzuge so festlich empfangen habe, nur die Bewachung von Sträflingen und Gefangenen übertragen worden sei, während die Bürgerwehr alle Ehrenwachen besetze, und gab zu bedenken, daß ein solches Verfahren wenig mit der freundlichen Begrüßung im Einklang gebracht werden könne. Man einigte sich dann auch am 17. April darüber, dem Militair die Friedrichstadthauptwache und die des Schlosses Monbijou zu übergeben. Es wurde um diese Zeit viel über directe und indirecte Wahlen gesprochen und in einer vor den Zelten abgehaltenen Volksversammlung wurde am 20. April beschlossen, eine große Petition um Abänderung des von dem 2. allgemeinen Landtage entworfenen indirecten Wahlgesetzes, in einem zahlreichen Aufzuge nach dem Schlosse zu überbringen. Zu diesem Zweck waren sämmtliche Arbeiter bestellt und die Hauptrendezvous auf dem Alexander- und Carlsplatz gegeben. Von Seiten des Bürgerwehrcommandos wurden zur Verhinderung einer solchen Sturmpetition die kräftigsten Maßregeln ergriffen, das Schloß war von Abtheilungen des 11. Bataillons und der Schützengilde besetzt, der übrige Theil des Bataillons bei der Schloßapotheke, das 3. Bataillon auf dem 2. Schloßhofe aufgestellt. In der Bank und Seehandlung, sowie hinter den Brücken und Zugängen zu der Spreeinsel, auf welcher das Schloß liegt, befanden sich starke Bürgerwehrabtheilungen. An der Königsbrücke standen die Studirenden, auf dem Alexanderplatz der Handwerkerverein; man fürchtete, die Arbeiter würden zahlreich und bewaffnet erscheinen. Die Demonstration unterblieb, denn es hatte sich nur eine geringe Anzahl von Theilnehmern und zwar unbewaffnet eingefunden, welche sich verliefen oder zu einer neuen Berathung vor dem Schönhauserthore gingen.

Von da bis zum 12. Mai blieb alles ruhig, und die Bürgerwehr begann ihre Schießübungen nach der Scheibe. Am 12. Mai herrschte einige Aufregung in der Stadt, veranlaßt durch den Antrag des Ministeriums Camphausen, in Betreff der Rückkehr des Prinzen von Preußen. Nachmittags 4 Uhr begab sich eine Deputation der Studirenden zum Minister Camphausen und erklärte demselben, daß nach ihrer Kenntniß der Volksstimmung in Berlin, die Rückkehr des Prinzen die gefährlichsten Ruhestörungen veranlassen würde. Ihnen und einer anderen Deputation einer Volksversammlung aus den Zelten wurde die Antwort zu Theil: daß der Ministerrath die Rückkehr des Prinzen zur Befestigung der Constitution für nothwendig erachten müsse; auch in den Aeußerungen einer, wenngleich zahlreichen Deputation, nicht der Ausdruck einer Majorität des Volkes erkannt werden könne, zumal in den Provinzen eine ganz entgegengesetzte Meinung in Betreff der Rückkehr des Prinzen sich vielfach habe vernehmen lassen. Um Mitternacht war eine Volksversammlung vor dem Palais des Prinzen von Preußen, bei welcher Gelegenheit nach einigem Widerstande von Seiten der Bürgerwehr, an die Thüren des Palais abermals die Worte „National-Eigenthum" geschrieben wurden. Zwar fand noch eine allgemeine Allarmirung der Bürgerwehr statt, bevor aber die zahlreich sich versammelnden Abtheilungen das Palais erreichen konnten, war die Versammlung schon zerstreut. Die Aufregung wegen der Rückkehr des Prinzen dauerte noch einige Zeit fort; der politische Club hatte zum Sonntag den 14. Mai eine Volksversammlung in den Zelten angesetzt, zu der er sogar diejenigen, die Waffen zu tragen berechtigt seien, aufforderte, bewaffnet und in Zügen zu erscheinen. Von den Behörden geschahen nun dagegen wieder Veröffentlichungen, in denen auf das Ungesetzliche der Aufforderung, bewaffnet zur Berathung zu kommen, aufmerksam gemacht wurde, was denn auch zur Folge hatte, daß nur Wenige, denen übrigens die Waffen abgenommen wurden, bewaffnet erschienen.

Die große Parade.

Der erste Wunsch zu einer großen Parade ist unstreitig aus den Reihen der Bürgerwehr gekommen und der General v. Aschoff hat sich nun für diesen Wunsch interessirt, dessenungeachtet äußerten schon im April Wehrmänner, daß sie ihrer praktischen Thätigkeit wegen, nur dann die Parade mitmachen könnten, wenn diese an einem Sonntage stattfände. Da nun wegen des Gottesdienstes eine Parade am Sonntag nicht stattfinden durfte, man aber doch soviel wie möglich die Geschäftsleute berücksichtigen wollte, kam man auf die Idee, die Compagnien nur zu 2 Zügen à 25 Rotten formirt, erscheinen zu lassen; glücklicherweise stand man davon wieder ab und es wurde bekannt gemacht, daß Niemand von der Parade ausgeschlossen werden solle. Es freute sich alles zur Parade, die nun am 6. Mai stattfinden sollte, als plötzlich die Nachricht kam, die Parade sei, um nicht störend in die Wahlen zur Stadtverordneten-Versammlung einzugreifen, bis zum 13. verschoben worden. Man tröstete sich mit der Nothwendigkeit einer solchen Maßregel und trotz der Maueranschläge: „Wer gegen die Rückkehr des Prinzen v. Preußen ist, wird nicht bei der Parade der Bürgerwehr erscheinen" würde dieselbe mit sehr zahlreichen Compagnien stattgefunden haben, aber leider wurde auch dieses Mal, durch ein Mißverständniß die Parade ausgesetzt. General v. Aschoff berief nun die Majore zu einer Berathung und man erließ eine Adresse an S. Majestät, in welcher darauf hingewiesen wurde, daß diese Aussetzungen der abzunehmenden Parade im Publikum zu Mißbeutungen Veranlassung gäben, welche die Eintracht zwischen dem Könige und der Bürgerwehr in Frage zu stellen suche. Am 15. kam der König nach Berlin und ließ sich im Kgl. Schlosse die dahin beschiedenen Majore und Hauptleute der Bürgerwehr vorstellen. Auf eine kurze Ansprache des Generals v. Aschoff erwiderte S. Maj.: „Meine Herren, Ich habe sie bitten lassen, heute hier zu erscheinen, obgleich sie sich nach den Anstrengungen der letzten Nächte noch nicht die nöthige Ruhe gegönnt haben werden, weil Ich schon zweimal um das Vergnügen gekommen bin, die Berliner Bürgerwehr zu sehen; das letzte Mal durch ein bloßes Mißverständniß, ein reines Mißverständniß, wie Ich versichern kann. Aber die Pflicht der Dankbarkeit treibt Mich zu ihnen, Ich bin der Berliner Bürgerwehr Dank schuldig für die aufopfernde Hingebung, welche sie seit dem 19. März überhaupt und auch bei der unseligen Aufregung der letzten Tage bewiesen hat. Ich werde mit Freuden jede Gelegenheit ergreifen, diesen Dank durch die That zu bekräftigen." Nach diesen Worten umarmte der König den General v. Aschoff und verließ unter Hochrufen der Versammelten den Saal. Die Parade wurde nun auf den 23. festgesetzt. Als an diesem Tage Morgens die Wehrmänner zur Parade antraten, sprach man davon, daß Abends vorher der ministerielle Verfassungsentwurf im Staatsanzeiger erschienen sei und Mißmuth erregt hätte. Obgleich einige Wehrmänner, hierdurch aufgeregt, wieder nach Hause gingen, erschien die Bürgerwehr zu dieser Parade doch zahlreich und konnte ihre Stärke wohl auf 15,000 Mann geschätzt werden; sie wurde zu beiden Seiten der Linden aufgestellt; die Bataillone in zwei Linien, die Studirenden und fliegenden Corps auf dem linken Flügel. Nach Beendigung der Aufstellung erschien der König mit seinem Gefolge, ritt, begleitet von einem Theil der berittenen Bürgerwehr, die Fronte entlang und wurde von jedem Bataillon mit Hurrah begrüßt. Der Vorbeimarsch dauerte über eine Stunde und war vom schönsten Wetter begünstigt; alle Fenster unter den Linden, sowie Treppen und Rampen waren mit Zuschauern besetzt. Ein Theil der Studirenden jedoch, welcher die Parade nicht mitmachte, hatte an der Universität eine schwarze Fahne aufgesteckt, auch eine ziemlich große Anzahl von Wehrmännern und Mitgliedern des Handwerkervereins demonstrirten gegen die Parade, indem sie unbewaffnet, aber in Sectionen, einander untergefaßt, die Front der Bürgerwehr entlang, auf und ab marschirten.

Die Katzenmusiken.

Sie begannen Sonntag den 21. März und wurden an fast allen folgenden Abenden fortgesetzt. Die Minister v. Camphausen und v. Schwerin, General=Major v. Aschoff und die Vossische Zeitungs=Expedition erhielten dergleichen in den ersten Tagen, zu denen sich bedeutende Volksmassen ansammelten, die am 22. Mai vor das Palais des Prinzen v. Preußen zogen und an der zum Denkmal Friedrichs des Großen bestimmten Stelle den Verfassungsentwurf verbrannten. Kurz darauf faßte die Landwehr in ihren Versammlungen den Beschluß, jenen Männern Ehrenständchen zu bringen, was sofort ausgeführt wurde, so daß am 24. die Darbringungen von Ehrenständchen und Katzenmusiken sich kreuzten, bis es unter den Linden zu einer Begegnung beider Parteien kam, welche zu Thätlichkeiten führte. Hierdurch und durch das Einschreiten der Polizei steigerte sich die Erbitterung zwischen den Parteien, die sich anfänglich in Plakaten äußerte, aber durch die Nachrichten von der Auflösung der akademischen Legion in Wien, und dem dort stattfindenden Barrikadenbau noch mehr angefacht wurde. Am 26. Nachmittags fand dieserhalb eine Berathung sämmtlicher Majore der Bürgerwehr statt; es wurde in derselben die Nothwendigkeit des Einschreitens im Interesse der Ruhe und Ordnung der Stadt anerkannt, und kam der Beschluß noch am selben Abend zur Ausführung. Es sammelten sich nämlich gegen 8 Uhr unter den Linden große Volksmengen und zwar in Folge geschriebener Anschlagzettel, die zur Theilnahme an den Katzenmusiken aufforderten; diese Menge wuchs in kurzer Zeit bedeutend an und begab sich, mit Partitur und nöthigen Instrumenten wohl versehen, nach dem Gensdarmen=Markt, wo sie vor einem in der Charlottenstraße belegenen Hause ihr Concert begann. Die nächstgelegenen Reviere waren aber bereits durch das Horn allarmirt, so daß sogleich einige Compagnien Bürgerwehr heranrücken konnten. Während der Zeit hatte sich die Menge durch die Jägerstraße nach der Ecke der großen Friedrichsstraße gezogen und dort von neuem zu lärmen angefangen. Es erfolgte die Aufforderung sich zu entfernen, und da diese nicht fruchtete, wurden die Tumultanten von der Bürgerwehr im Sturmschritt auseinander gesprengt. Die aufgeregte Menge eilte die Linden hinunter und einige 1000 Personen davon zum General v. Aschoff, um sich über rücksichtsloses Einschreiten der Bürgerwehr zu beschweren. Eine Deputation der Menge war in die Wohnung des Generals eingedrungen, um ihm ihre Beschwerden vorzutragen, draußen war inzwischen die Menge unruhig geworden und verlangte durch Geschrei den General persönlich zu sehen; dieser erschien vor der Hausthür und wurde von allen Seiten mit dem Rufe „abdanken" empfangen. Nun fanden Verhandlungen auf der steinernen Treppe vor dem Hause statt, bis die Bürgerwehr erschien, zum Auseinandergehen aufforderte und dann mit Trommelschlag vorging, worauf das Volk nach den Linden und in die Nebenstraßen gesprengt wurde. In derselben Nacht um 2 Uhr wurde die Bürgerwehr durch Generalmarsch allarmirt, da diese Allarmirung sich jedoch wieder als unnöthig erwies, so bestimmte der General eine Untersuchung, die jedoch resultatlos verlief. Die Katzenmusiken fanden noch immer von Zeit zu Zeit statt, wurden jedoch immer unbedeutender bis sie endlich, wie vieles andere in Berlin, ganz aus der Mode kamen.

Zweiter Wechsel des Commando's.

Am 2. Juni legte General-Major v. Aschoff seine Stelle als Commandeur der Berliner Bürgerwehr nieder. Die Majore waren Mittags versammelt um einen Vorstand für die interimistische Verwaltung des Commandos zu erwählen, bis der neue Commandeur durch Urwahl bestimmt sei. Major Blesson, der bei der Wahl am 6. April die meisten Stimmen nach General v. Aschoff erhalten hatte, wurde mit der Verwaltung beauftragt und die Majore Benda und Dr. Große ihm als Beirath gegeben. Der Stab blieb, aber die Schloßcommandantur, welche seit März unter einem Stabsoffizier der Armee gestanden hatte, ging an demselben Tage ein und wurde durch einen du-jour-habenden Hauptmann der Bürgerwehr ersetzt. Nachdem der General den Majoren ein herzliches Lebewohl gesagt hatte, versammelte er am 3. noch einmal die Hauptleute um sich und sprach seinen Dank für die Theilnahme aus, welche ihm in seiner kurzen Führung des Oberbefehls von so vielen Seiten geworden sei. Er fügte hinzu, daß er in diesem mühevollen Amte viele vortreffliche Menschen kennen gelernt habe, und daß er befürchte, die Bürgerwehr gehe sehr ernsten Zeiten entgegen.

Da um diese Zeit die wunderlichsten Dinge beim Berliner Publikum Glauben fanden, so verbreitete sich auch am 31. Mai allgemein das Gerücht, daß an der Kuppel des königl. Schlosses eine Leine und Stange angebracht worden sei, um damit von Seiten des Ministeriums bei eintretender Gefahr den um Berlin stehenden Truppen ein Signal zum Einmarsch geben zu können, indem bei Tage eine Fahne, bei Nacht eine große Laterne aufgesteckt werden solle. Es begab sich sogleich eine Deputation in das Schloß um hierüber Nachricht einzuholen; der Hofbaurath Schadow begab sich selbst mit den Herren auf die Kuppel und überzeugte sie, daß jene Vorrichtung nichts weiter als ein Blitzableiter und dessen Drath sei. Dann wurde wieder allgemein versichert, die hiesigen Aufstehbrücken wären absichtlich vernagelt; auf den meisten Brücken sah man bedeutende Menschengruppen in lebhaftester Unterhaltung und Aufregung dieselben untersuchen, die nach den Absteigegängen führenden Eingangsthüren gewaltsam erbrechen, die zur Sicherheit der Passage dienenden Nägel an den Steifen und diese selbst wegschlagen, und andere Beschädigungen mehr, namentlich an der eisernen Brücke verüben. Zur Beruhigung des Publikums wurden die Brücken durch die Baukommission untersucht und über die Grundlosigkeit der Befürchtungen eine Bekanntmachung des Polizei-Präsidiums veröffentlicht. Wenn dergleichen Dinge unter den Augen der Bürgerwehr vorgehen konnten, so war doch folgender Vorfall mehr zu beklagen: Am 30. Mai hatte sich ein bedeutender Zug unbeschäftigter Arbeiter in den Nachmittagsstunden vor dem Rathhause angesammelt, von hier aus nahm er nach Verlauf einiger Stunden seinen Weg nach dem Wilhelmsplatz vor die Wohnung des Ministers Patow, um von diesem Arbeit zu verlangen. Es ging eine Deputation hinauf, welche die Antwort erhielt, daß der Minister für den Augenblick keine Arbeit geben könne, aber Sorge für ihre Beschäftigung tragen wolle. Nach langem Hin- und Herreden und da beim Minister keine Hülfe seitens der Bürgerwehr gegen die zahlreichen Gäste ward, bewilligte er den Arbeitern zehn Silbergroschen pro Kopf als Vorschuß, und versprach, daß sie in einigen Tagen Arbeit erhalten sollten.

Der Zug nach dem Friedrichshain.

Die Studierenden, welche den Zug veranlaßten, schickten eine Deputation an das Commando der Bürgerwehr, mit dem Ersuchen, der Commandeur möge befehlen, daß sich die Bürgerwehr dabei betheilige. Dies wurde rundweg abgeschlagen, dagegen erschien ein Plakat, welches den Wehrmännern verbot, sich als solche bei dem Festzuge zu betheiligen; auch 2 Tagesbefehle erschienen, ein öffentlicher, in welchem es jedem Wehrmann freigestellt wurde, sich ohne Waffen dem Zuge anzuschließen, und ein geheimer, nach welchem die zu Haus bleibenden Mannschaften in Bereitschaft gehalten werden sollten, beim ersten Allarm auszurücken. Diese verschiedenen Befehle verursachten Unsicherheit; eigentlich war nur der letzte ein Dienstbefehl, der nicht einmal geheim gehalten zu werden brauchte, da Niemand es dem Commandeur der Bürgerwehr verargen konnte, bei dem voraussichtlichen Menschenandrang Sicherheitsmaßregeln zu ergreifen, umsomehr als Meldungen eingegangen waren, daß man beabsichtige die Republik zu proklamiren.

Es wurden an diesem Tage des Morgens die Majore zusammenberufen und ihnen die Disposition mitgetheilt, wonach für den Fall, daß braußen bei den Gräbern die Republik ausgerufen würde, einige auf dem rechten Spreeufer befindliche Stadtthore geschlossen und durch das 23. Bataillon, dessen Commandeur ein früherer Ingenieuroffizier, bei der Oberbaumsbrücke schnell ein Werk angelegt werden solle, um die Passage nach dem linken Spreeufer zu verhindern. Die Wachen vom Prenzlauer bis zum Frankfurter Thor, namentlich die des neuen Königs- und Landsbergerthors waren bedeutend verstärkt und mit Ordre versehen. Wurde die Republik in der Stadt ausgerufen, so sollten die Bataillone so schnell als möglich auf ihren Allarmplätzen zusammentreten, und sei, um dies zu erreichen, in der Wohnung eines jeden Hauptmanns ein Tambour oder Hornist zu consigniren.

Was nun den Zug selbst anbetrifft, so schreibt die Vossische Zeitung darüber folgendes:

„Der gestrige Zug nach dem Friedrichshain zur Gedächtnißfeier der gefallenen Märzkämpfer, darf als eins der großartigsten und bedeutsamsten Ereignisse angesehen werden, welche wir seit dem 18. März erlebt haben. Es war nicht blos der Gegenstand der Feier, nicht blos die umfassendste Theilname die ihr von nah und fern geschenkt wurde, was wir hervorheben möchten, es ist besonders die ruhige, aus dem Volksbewußtsein innerer Kraft und Sicherheit fließende Haltung, der Tausende wahrhaft imponirend erschien.

Unsere Leichenfeier am 22. März war etwas Ähnliches, aber sie stand noch unter dem Einfluß der erhitzten Leidenschaftlichkeit des Revolutionskampfes, es war damals in jeder Brust eine dumpfe

Besorgniß vor neuen Stürmen vorherrschend, die Bürgerwehr mußte in ihrer ganzen Masse aufgeboten werden, um gleichsam die gegenseitigen Besorgnisse der Parteien zu paralisiren. Gestern nichts mehr von dem Allem! Ein klarer, wolkenloser Junihimmel lächelte auf den Zug herunter, welcher sich lautlos und ernst durch die Straßen bewegte. Die Anzahl der Theilnehmer muß auf viele Tausende geschätzt werden, die Zuschauer eingeschlossen, waren mindestens zwei Drittel der Berliner Bevölkerung auf den Beinen. 2c. 2c." Nichts von allen den Besorgnissen, die am Morgen des Tages eine ängstliche Phantasie sich vorspiegelte, war in Erfüllung gegangen.

Die Mißhandlung der Abgeordneten am 9. Juni.

Den Abgeordneten der Nation, sowohl bei ihren Berathungen in der Singakademie, als auch in ihren Personen Schutz zu gewähren, war eine der ersten, war eine Ehrenpflicht für die Berliner Bürgerwehr. Es wurde deshalb an allen Sitzungstagen die Königswache um 50 Mann verstärkt, welche zur Bewachung der Eingänge zum Vorgarten der Singakademie, als auch der nach der Dorotheenstraße führenden Thür derselben, Pikets ausstellten und Patrouillen aussendeten, um die Volksgruppen zu zerstreuen und die zahlreich vorhandenen Marketender zu entfernen. In dem Vorsaal des Gebäudes befand sich noch eine Rotte Studirender auf Wache, die von ungleicher Stärke, 10—20 Mann stark war. Am 8. Juni war von dem Abgeordneten Berendt der Antrag gestellt: „die hohe Versammlung wolle in Anerkennung der Revolution zu Protokoll erklären, daß die Kämpfer vom 18. und 19. März sich wohl ums Vaterland verdient gemacht hätten." — Da die Abstimmung über diesen Antrag bis zum 9. ausgesetzt und mittlerweile der letztere in ganz Berlin bekannt geworden war, so hatten sich am 9. gegen Mittag größere Volksmassen in dem Wäldchen vor der Singakademie eingefunden, die mit Spannung auf den Ausgang der Abstimmung harrten. Es wurden hier die Gruppen von Rednern haranguirt und Aufregung hervorgebracht; man beschloß eine Deputation in die Versammlung zu schicken, welche die Abstimmung über den Berendt'schen Antrag fordern solle. An diesem Tage halten Abtheilungen des 18. Bataillons die Wache; dem Commandeur dieses Bataillons, der nach der dienstlichen Bestimmung im Hause gegenwärtig sein sollte, war vom Präsidenten Milde, bei dem er sich gemeldet, ein Platz angewiesen, und er dadurch von der Beaufsichtigung seiner Mannschaft und den Vorgängen außerhalb des Gebäudes abgezogen. Die Deputation hatte bei den äußeren Bürgerwehrposten anfangs Widerstand gefunden, aber mit Hülfe der Studenten der inneren Wache gelangte sie bis zur Vorhalle der Singakademie; mittlerweile war auch der Bataillons=kommandeur von den Vorfällen unterrichtet und begab sich schleunigst nach der Vorhalle, wo er der Deputation entgegentrat und sie aufhielt, bis der Präsident Milde dazu kam, der sie mit Würde als ganz unzulässig und unberechtigt abfertigte, und darauf hin=wies, daß man eben bei der Abstimmung begriffen sei und daß er bitten müsse, sich zu gedulden und die Ruhe der Versammlung nicht zu unterbrechen. Die Deputation entfernte sich mit diesem Bescheid und hatte draußen der Menge eben Bericht erstattet, als das Re=sultat der Abstimmung bekannt wurde, wonach der Zachariä'sche Gegen=Antrag auf motivirte Tagesordnung mit 19 Stimmen Majo=rität angenommen sei. Dies rief eine gewaltige Aufregung her=vor, ein Mann aus der Volksmasse sprang auf einen Stein und rief: „Volk von Berlin! der Berendt'sche Antrag ist verworfen, die Rechte hat unsere Revolution nicht anerkannt, wir müssen dieselben so vervollständigen, daß Niemand sie mehr verläugnen kann, also auf zum neuen Kampf!" Hierauf ließ sich ein Student auf die Schultern zweier Männer heben und warnte eindringlich einen Kampf zu unternehmen, der alles in Frage stellen könne.

Während dieses Treibens, gegen 3 Uhr Nachmittags und etwa 10 Minuten vor Schluß der Sitzung, trat der Minister v. Arnim aus dem Hause, und soll an eine Gruppe die Worte gerichtet haben: „wozu stehen sie hier? worauf warten sie denn? und auf die Frage wer er sei, geantwortet haben, „ich bin der Minister von Arnim." Alles drängte sich nun schnell um seine Person dergestalt, daß er sich im Augenblick in dem fest zusammengepreßten Knäul einer erhitzten aufgeregten Menge befand. Einige suchten den Minister zu befreien (ein Arbeiter in weißer Jacke soll ihn umpackt gehal=ten haben), Andere schimpften und drohten. Die Masse wälzte sich gegen den Festungsgraben zu, in das Kastanienwäldchen, hinter der Universität. In letzterer befanden sich gerade die Studenten zu einer Wahl wegen Beschickung der Wartburgversammlung, in der Aula versammelt; als die Nachricht anlangte, ein Minister werde thätlich bedroht, stürzte alles die Treppe hinunter und gleichzeitig kamen von der anderen Seite mehrere Abgeordnete der Linken. Den vereinten Anstrengungen der Bürger und Studenten gelang es, den Minister in die Universität zu bringen, von wo er nach einigem Aufenthalt nach Hause fuhr. Die Tumultanten hatten sich von der Universität wieder nach der Singakademie zurückgezogen und besprachen hier das Verhalten der einzelnen Abgeordneten, deren Reden und Votirungen durch die inzwischen herausgetretenen Zuhörer bekannt geworden, als der Abgeordnete Sydow erschien, über den man sich eben mißfällig geäußert hatte, weil seine Votirung für den Zachariä'schen Antrag mit seinen Reden am Begräbnißtage und bei seiner Kandidatur vor den Wählmännern im Widerspruch stehe. Kaum war er in das Kastanienwäldchen herausgetreten, als man ihn umringte und balb auf dieselbe Weise eingeschlossen hatte, wie den Minister von Arnim. Auch ihn befreiten die von der Aula herbeieilenden Studenten und brachten ihn in die Universität, deren Thüren sogleich geschlossen wurden. Von den 50 Mann Bürgerwehr sollen viele sich auf den Tribünen befunden haben, andere zum Mittagsessen nach Hause gegangen sein, dennoch wären im Verein mit der Wache die Uebriggebliebenen stark genug gewesen, den Minister zu befreien und den Abgeordneten Sydow zu schützen. Es fehlte aber das bestimmte Commando, der Major Benda hatte sich zuerst an mehrere Chargirte der Bürgerwehr gewandt und sie vergebens zum Schutz des Ministers aufgefordert, dann erst wandte er sich an die Studenten, diese waren sofort in die Volksmassen eingedrungen und hatten den Minister vor ferneren Mißhandlungen bewahrt. Noch vor dem Exceß wurde auf Befehl Benda's das 7. Bataillon allarmirt, aber vom Oberst Blesson die bereits angetretenen Mannschaften wieder zurückgeschickt, weil die Vorfälle schon geschehen und nach beendeter Sitzung keine Verstärkungen mehr nöthig waren. In Folge dieses Excesses wurde schon damals von 40 Deputirten ein Antrag beabsichtigt, die Nationalversammlung nach Brandenburg zu verlegen. Nach den jetzt gemachten Erfahrungen mußte ein wirksamerer Schutz der Nationalversammlung geschaffen werden, namentlich bei wichtigen Anlässen und es geschah dies auch in der Art, daß einzelne Bataillone bestimmte Dispositionen erhielten, im Falle eines Tumultes einzuschreiten, und auch der ganze Platz vor der Singakademie von 200 Mann regelmäßig abgesperrt wurde.

Das Ausheben der Gitterthore am Kgl. Schloß.

Als im Anfange April das Consigniren eines oder mehrerer Bataillone im Schloßhofe begann, hatte der Major Blesson dem

General v. Aschoff den Vorschlag gemacht, die vielen Thore des Schlosses mit Hindernissen zu versehen, da man dann die Zahl der Schloßbesatzung ohne Gefahr bedeutend vermindern könne. Der General war auf diesen Vorschlag eingegangen, und waren eiserne Gitterthore dazu bestimmt worden. Dies Einsetzen der Gitter war dem Publikum bekannt geworden und in Folge dessen fanden am 14. Juni unruhige Bewegungen auf den Straßen statt; in der Landsbergerstraße hat der Thierarzt Urban schon früh am Morgen die Straßenfeger und einzelne Arbeiter mit Branntwein regalirt und sie angefeuert, das ihnen durch die versprochene Volksbewaffnung zustehende Recht auf Waffen heute geltend zu machen. Volksmassen hatten sich in ziemlicher Stärke sowohl hinter der Universität als auch vor dem Vorplatz der Singakademie gegen Mittag eingefunden. Auf das Gerücht, die Schloßgitter würden eingesetzt, eilte das Volk scharenweise nach dem Schlosse, und hier, aufgereizt durch Reden, drang es in das Schloß hinein nach dem Querportal welches beide Schloßhöfe verbindet und hob die eben eingesetzten Gitter wieder aus. Ein Thor wurde in die Spree geworfen, die übrigen zur Universität geschafft; später wurde der ins Wasser geworfene Flügel von Studenten herausgezogen und ebenfalls zur Universität gebracht. Leider hatte das 5. Bataillon nur den Befehl erhalten, „sich bereit zu halten," zwischen solcher Bereithaltung und dem wirklichen Zusammentreten verging aber bei der Bürgerwehr immer gut eine Stunde Zeit; dies war denn auch der Grund weshalb das 5. Bataillon zu spät kam, um den Unfug zu verhindern.

Die Erstürmung des Zeughauses.

Die Besetzung des Zeughauses im Innern und namentlich des oberen Raumes, in welchem sich eine große Anzahl neuer Gewehre, Modelle, eine Sammlung alter historischer Waffen und Trophäen aus den letzten Kriegen befand, durch Militair, blieb ein beständiger Gegenstand der Eifersucht der fliegenden Corps, der Klubs und des Volks, denn bald nach dem Einrücken des ersten Militairs bewachte man den oberen Raum bei Tage mit 50 Mann, bei Nacht mit einer Compagnie (250 M.) der Garnison. An Besetzung des unteren Raumes nahm bis Ausgangs Mai die Bürgerwehr Antheil, welche besonders die äußere Seite des Hauses bewachte. Dies geschah außer den ausgestellten Posten noch durch 12 Mann vom Handwerkerverein, welche jeden Abend die Königswache verstärkten und zu Nacht=Posten um das Zeughaus verwendet wurden. Das Zeughaus 'ist Hauptdepot des Staates und steht als solches im beständigen Verkehr mit den übrigen Depots. Sämmtliche Waffen gingen jahrelang offen ab und zu, und die Behörden konnten wohl erwarten, daß das Publikum mit diesen Sendungen hinlänglich bekannt sei. Plötzlich aber wurde das Mißtrauen des Volks erweckt, als am 30. Mai ein mit 100 Gewehren für die Luckenwalder Bürgerwehr beladener Wagen in der Jägerstraße zusammenbrach und die Ladung auf die Straße schüttete. Sofort verbreitete sich die Nachricht, es würden heimlich Waffen nach auswärts gefahren, um sie gegen Berlin zu gebrauchen. Am 31. Mai entstand in Folge dieses Gerüchtes ein Zusammenlauf vor dem Zeughause, wo zwei Kähne mit Kriegsbedürfnissen beladen wurden, um nach Spandau geschickt zu werden. Dagegen lehnte sich die Volksmenge auf und verlangte zu wissen, was in den Kisten befindlich sei; auf die Antwort, die Kisten enthielten alte schadhafte Gewehre, welche zur Reparatur in die Fabriken geschickt und später an die Bürgerwehr vertheilt werden sollten, öffnete das Publikum eine derselben und fand darin ganz neue Zündnadel= Gewehre. Das Volk hielt den einen der Kähne an und erreichte es, daß der aufgeladene Vorrath wieder in's Zeughaus zurück gebracht wurde. Das Volk wollte sich eines Transportes Kanonen bemächtigen, der eben in's Zeughaus gebracht werden sollte, doch gelang es dem Einschreiten der Bürgerwehr, sie daran zu hindern und die Kanonen ins Zeughaus zu escortiren, welches schon Mittags von einzelnen Abtheilungen, Abends vom 20. Bataillon besetzt wurde, welch' letzteres sofort die Straßen hinter dem Zeughaus absperrte. Von da an gab es Reden, Maueranschläge, Aufläufe, in welchen die Volksbewaffnung als gewährt dargestellt und gesagt wurde: im Zeughause lägen die Gewehre, man habe das Recht sie zu nehmen! Am 14. Juni fanden nun ganz bestimmte Aufforderungen statt, das Zeughaus zu nehmen und die Waffen herauszuholen. Schon gegen Mittag kam es zu Tumulten vor demselben, als eine Abtheilung der darin befindlichen Militairbesatzung vom Mittagessen zurückkehrte. Da diese Mannschaften abtheilungsweise ohne Gewehre zur Caserne zum Mittag geführt wurden, kehrten sie natürlich auch ohne solche zurück; nun aber hieß es, sie brächten auf diese Weise die Gewehre nach und nach aus dem Zeughaus. Ebenso hatte man das Gerücht verbreitet, im unteren Raume befänden sich geladene Kanonen, um die benach=

barten Brücken und Straßen zu bestreichen. Die Gassen hinter dem Zeughause füllten sich mit Menschen, die gegen die Thüren drängten, lärmten und tobten bis eine Compagnie des 19. Bataillons und eine des 8. Bataillons in die Gassen einbrang, sie säuberte und die Zugänge nach der Singacademie und der Spener'schen Zeitungs-Expedition absperrte. Es wurde das 7. Bataillon allarmirt und vom 20. Bataillon ein Piket, welches sich in der Caserne des Alexander-Regiments befand, nach dem Zeughause geschickt. Major Benda übernahm das Commando vor dem Zeughause und besorgte die Aufstellung der dahin marschirenden Abtheilungen; das 9. Bataillon wurde allarmirt und bekam Befehl auf dem Opernplatze anzutreten. Um diese Zeit waren die Gitterthore nach der Universität gebracht worden, Major Blesson schickte durch Hauptmann Glaue den schriftlichen Befehl an das 9. Bataillon, die Gitter nach dem Schlosse zurückzuschaffen. Dieser Befehl wurde jedoch zurückgenommen, weil eine Deputation der Universität unter dem Rektor Magnificus Professor Müller im Centralbüreau erschienen war und gebeten hatte, man solle doch ja die Gitter jetzt in ihrem Schutz lassen, sie wären sicher; wolle man sie fortschaffen, so setze man die Universität der Wuth des Volkes aus." Als die Meldung nach dem Centralbüreau kam, daß sich in der Umgebung des Zeughauses noch immer größere Mengen ansammelten, erhielt das 9. Bataillon, welches mittlerweile nach dem Schlosse marschirt war, Befehl, die Straßen zu räumen. Es rückte sogleich von der Wasserseite heran, ließ durch dreimaligen Trommelwirbel die Menge zum Auseinandergehen auffordern und ging darauf mit Gewehr rechts vor; die Masse wandte sich zur Flucht und das Bataillon gelangte bis zur Möllersgasse, als ihm die 101. Compagnie mit gefälltem Gewehr entgegenkam und auch den Commandeur des Bataillons schmähte, daß er so mit dem Volke umgehe. Hierdurch kam das Bataillon zwar einen Augenblick zum Stutzen, behauptete sich aber standhaft am Zeughause, und die Gassen blieben von ihm und einem Theil des 19. Bataillons besetzt. Das Kastanienwäldchen war durch die dort aufgestellte Bürgerwehr gesäubert und die Abgeordneten konnten am Schlusse der Sitzung gegen 4 Uhr ohne Unbequemlichkeit das Gebäude verlassen. Um 1 Uhr hatten die obdachlosen Arbeiter, welche einen sogenannten „Elends-Zug" durch die Stadt beabsichtigten, eine Deputation nach dem Central-Büreau geschickt, um die Erlaubniß hierzu einzuholen, waren jedoch an die Polizei verwiesen worden und mit der Drohung weggegangen, den beabsichtigten Zug bennoch auszuführen.

In Folge dieser Drohung und der Meldung, daß fortwährend Zuzüge von außerhalb einträfen, wurden nun das 11. Bataillon (Potsdamer Thor), 12. Bataillon (Anhalter Thor) und 13. Bataillon (Hallische Thor) benachrichtigt, ihre Thore besetzt zu halten und auch die Eisenbahn im Auge zu behalten, das 6. und 10. Bataillon erhielten den Befehl zum Allarmiren. Gegen 3 Uhr Nachmittags sammelten sich die Arbeiter auf dem Exerzierplatz im Thiergarten und rückten hierauf vor das Brandenburger Thor, wurden jedoch von der 1. Compagnie des 8. Bataillons zurückgeschlagen, wobei mehrere Wehrmänner durch Steinwürfe Verletzungen erhielten. Auf die Meldung von diesem Zusammenstoß schickte Major Blesson zwei Compagnien des 10. Bataillons zur Hülfe nach dem Brandenburger Thor, der Rest sollte auf dem Gensdarmen=Markt aufgestellt bleiben. Ferner ließ er das 16. und 17. Bataillon allarmiren und durch sie die Wachen am Neuen und am Oranienburger Thor verstärken, da man von dort die Rehberger Arbeiter erwartete. Gegen 6 Uhr ging die Meldung ein, das Kriegsministerium werde angegriffen, es gelang jedoch dem 10., 11. und 13. Bataillon die Menge einzuschließen, die Ruhe wieder herzustellen und mehrere der Tumultanten zu verhaften, die nach der Stadtvoigtei gebracht wurden. Ein Theil des vom Kriegsministerium verjagten Volkes eilte wieder nach dem Zeughause zurück und vergrößerte sich durch fortwährenden Zuzug. Benda forderte den interimistischen Commandeur Blesson auf, persönlich, wenn auch nur auf ¼ Stunde den Oberbefehl am Zeughause zu übernehmen; Benda wünschte dies, theils im Interesse des moralischen Eindrucks auf die Bürgerwehr, theils um dem Commandeur eine klare Uebersicht der Sachlage zu geben und ihm zu beweisen, daß eine größere Concentrirung am Zeughause nöthig sei, da die Bataillone in sehr unzureichender Stärke erschienen wären. Eine gleiche Aufforderung erging an den Commandeur vom Major Neumann und Dr. Große, die ihn zugleich ersuchten, Generalmarsch schlagen zu lassen. Major Blesson verweigerte indeß beim Zeughaus zu erscheinen, aus Rücksicht auf die oberste einheitliche Leitung, welche ihm seinen Platz lediglich im Centralbüreau anweise, willigte aber späterhin darin, daß Generalmarsch geschlagen werde. Das 12. Bataillon erhielt die Weisung, das Anhalter Thor gut zu besetzen, aber mit dem Gros nach dem Gensdarmenmarkt zu marschiren. Major Benda übernahm nun das Commando beim Zeughause. Das 9. Bataillon welches dort die Massen energisch in Zaum gehalten hatte, war ebenfalls nach dem Gensdarmenmarkt dirigirt worden. Die beim Zeughause zurückbleibenden Bürgerwehrabtheilungen waren in den engen Gassen unvortheilhaft aufgestellt und betrugen höchstens 300 Mann; dies erkannten die Volksredner augenblicklich und haranguirten das Volk von neuem gewaltsam vorzubringen. Man verlangte den Abzug des Militairs aus dem Zeughause, Benda lehnte jedoch dieses Begehren ab. Das Volk wurde immer unruhiger, man behauptete, die Bürgerwehr habe ihre Waffen geladen und beabsichtige auf das Volk zu schießen, und verlangte, sie solle ihre Waffen untersuchen lassen. Leider wurde diesem Begehren nachgegeben und nun trat der Volkshause mit immer größerer Kühnheit auf, drängte immer heftiger gegen die Bürgerwehr an, so daß sie gegen 7 Uhr Brust an Brust standen. Ein Angriff geschah gegen eine Compagnie vom 2. Bataillon, man griff nach den Gewehren und mißhandelte deren Hauptmann, den Assessor Eltester. Gegen eine andere Abtheilung wurden Steine geworfen, plötzlich fiel ein Schuß aus der Volksmenge, der aber niemand verwundete. Die Bürgerwehr verlor nun die letzte Haltung, mehrere Wehrmänner verlangten Commando zum Feuern; da schossen plötzlich einige Wehrmänner eigenmächtig auf das Volk, dieses stob auseinander; der Platz war wie rein gefegt, zwei Leichen blieben liegen, Studenten tauchten weiße Tücher in das Blut der beiden Gefallenen und schrien nach Rache. Man erstürmte und beraubte mehrere Waffenläden und plünderte die Theater-Garderoben. Ein Weib, mit angeblich verwundetem Kopfe wurde auf einem Schubkarren die Linden entlang gefahren und von einem Zuge begleitet, an dessen Spitze Jemand unter dem Rufe „zu den Waffen," ein in Blut getränktes weißes Tuch schwang. Einer der Erschossenen wurde über den Schloßplatz getragen, ihm folgte ein Haufe Volks mit einer rothen Fahne, welcher: „es lebe die Republik" rief. An einzelnen Stellen wurden leichte Barrikaden errichtet, welche in der Nacht von einem Theil des 20. Bataillons wieder eingerissen wurden. Gleich nachdem die Schüsse der Bürgerwehr am Zeughause geschehen waren, strömte ein Theil des Volkes nach der Wohnung des Majors Benda in der Münzstraße, den man als den Urheber der gefallenen Schüsse ansah, und hatte dort Läden und Fenster bereits eingeschlagen, bevor die Bürgerwehr der nächst gelegenen Bezirke zum Schutz herbeieilen konnte. Die Tumultanten wurden von ihr zurückgeworfen und die Wohnung besetzt gehalten. Als beim Zeughaus geschossen wurde, befanden sich daselbst die sehr schwachen Compagnien 1, 2, 3, 4, 6, 7, 8, 9, 14, 16, 17, 71, 77, 82, 83, also in Summa 15, von verschiedenen Bataillonen, von denen fast jede Compagnie nach eigenem Gutdünken handelte und an eine gegenseitige Unterstützung nicht zu denken war. In diesem Augenblick erschien die Spitze des 15. Bataillons von der Oberwallstraße herkommend, auf dem Platz vor dem Zeughause; nur die ersten Sectionen setzten ihren Marsch fort, während der ganze übrige Theil des Bataillons kehrt machte und unter dem Jubel und Bravo des zahlreich begleitenden Volkes die Straße zurück eilte. Ein Versuch, dieses Bataillon zurückzuhalten, mißlang; der am Zeughaus stationirte Hauptmann Stegmüller wollte mit den Compagnien 77 und 82 am Wasser entlang eine Verbindung mit dem zurückweichenden 15. Bataillon herstellen, wurde aber davon abgehalten, indem Herr Benda auf die Vorstellung eines der Volksredner, der ein Blutbad in Aussicht stellte, dem Hauptmann den Befehl ertheilte, diesen Versuch aufzugeben und seine alte Stellung zwischen Zeughaus und Schloßbrücke zu behaupten. Die Vorgänge in dem östlichen Theile der Stadt (kleine Unruhen) waren in vergrößertem Maaßstabe zur Kenntniß des Commandeurs gekommen; außerdem meldete ein Hauptmann vom 18. Bataillon, daß vom Hamburger Thor Ströme von Arbeitern kämen, die Thorwache zwar verstärkt sei, seine Leute aber nicht mehr zu halten wären; sie ständen in der Gegend des Museums in Reserve, sie wollten nach ihren Bezirken zurück, um dort nach dem Rechten zu sehen, da sie am Zeughause nicht gebraucht würden. Major Blesson bewilligte den Abmarsch. Diese Compagnie fand sich später wieder ein und meldete, beim Hamburger Thor wäre alles ruhig, sie würde sich zur Verstärkung der Königswache aufstellen. Diese Meldungen bewiesen am deutlichsten, daß die früheren Gerüchte oder Vermuthungen von einer republikanischen Bewegung in dem östlichen Theile der Stadt vollständig unbegründet waren, und es in diesem Augenblick der Bürgerwehr nur nöthig blieb, mit allen Kräften das Zeughaus zu vertheidigen. Obwohl sich daselbst einige Zeit nach dem Schießen wieder eine neue Volksmasse eingefunden hatte, und von dem Geschützstand im Kastanienwäldchen Reden gehalten wurden, schien doch die Wuth des Volkes nicht gar groß, denn eine Compagnie des 7. Bataillons, welche weiße Tücher an die Bayonette gebunden hatte, *um beim Zeughause zu recognosciren, meldete, daß die Volksmasse überall durchlasse und nur hinter dem Zeughause etwas schwierig sei; es müßten aber sofort Reserven herangezogen werden, weil die dort aufgestellte Bürgerwehr viel zu schwach sei. Am Abend hatten der Bürgermeister Naunyn und der Sicherheitsausschuß gerathen, das Central-Büreau nach dem Schlosse zu verlegen, von hier kehrte aber der Commandeur bald wieder nach dem Centralbüreau der Oberwallstraße zurück, wobei er noch Gelegenheit hatte, am Werder= schen Markt den Rückmarsch des ziemlich aufgelösten 15. Bataillons mit anzusehen. Es erschien nun hier eine Deputation die strenge Untersuchung über die Veranlassung zum Feuern, Zurückziehen des Militairs und Besetzung des Zeughauses durch Bürgerwehr forderte; dies konnte nicht zugesagt werden und wurde deshalb die von Dr. Eichler und Raasch geführte Deputation an den Kriegsminister gewiesen. Dr. Woeniger, der zum Stabe gehörte, begleitete die Deputation dorthin und erhielt vom Major Blesson eine schriftliche Er= klärung mit, daß der Commandeur gegen die Entfernung des Militairs nichts einzuwenden finde und bereit sei, die Besetzung des Zeug= hauses durch Studenten und den Handwerkerverein zu bewirken. Bald darnach erschienen andere Deputationen des Volkes, der Bürgerwehr, Studenten und des Handwerkervereins, welche Zurück= ziehen des Bataillons, welches geschossen hatte, vom Zeughause forderte. Besonders stürmisch zeigten sich die Deputirten des Handwerkervereins, welche die Wuth des Volkes als entsetzlich schilderten und fast flehentlich baten, die Bürgerwehr zurückzuziehen, da die Studenten und der Handwerkerverein bereit und stark genug wären, das Zeughaus zu schirmen, nur müsse ihnen gestattet werden, sich im Innern desselben aufzustellen. Inzwischen war die erste Deputation zurückgekehrt und hatte den Bescheid gebracht, daß der Kriegsminister nicht darin willige, das Militair aus dem Zeughause herauszunehmen, jedoch gestatte, daß es sich in den oberen Raum zurückziehe, und der untere vom Handwerkerverein besetzt werden könne. Obwohl dem Major Blesson schon Tags zuvor, aus sicherster Quelle gegen die Zuverlässigkeit des Handwerkervereins, die ernstesten und dringendsten Befürchtungen mitgetheilt worden waren, obgleich derselbe gegen den ausdrücklichen Befehl, das Schloß zu besetzen, gehandelt und sich eigenmächtig nach dem Zeughaus begeben hatte, beorderte der Commandeur dennoch einen Herren seines Stabes, der Zeughausbesatzung die ministerielle Erlaubniß mitzutheilen und auf Grund derselben über den Einmarsch des Handwerkervereins ins Zeughaus zu unterhandeln. Ebenso wurde der Befehl ertheilt, daß sämmtliche Bürgerwehr sich zurückziehen solle. Die Ordres wurden schriftlich ausgefertigt. Mit dem Militair im Zeughause wurde verabredet, daß, nachdem die Soldaten vollständig den unteren Raum verlassen und sich in die obere Etage zurückgezogen haben würden, das bisher verschlossene hintere Zeughausportal dem Handwerkerverein werde geöffnet werden. Als dies geschehen, wurde ein etwa 80 Mann starker Trupp des Handwerkervereins ins Zeughaus eingelassen und stellte sich auf dem Hofe desselben auf; einige Civilpersonen waren ebenfalls mit ihm eingedrungen. Unterdeß hatte sich plötzlich ein Mann mit weißer Jacke und rother Mütze eingefunden, der gegen die Fensterkreuze schlug; und sowie die Bürgerwehr abgezogen, begann ein Steinhagel gegen die Fenster des Zeughauses. Dies war das Signal für das Volk, seine Thätigkeit zu beginnen. Es nahm die Rinnsteinbohlen auf und stieß damit das dem Finanzministerium gegenüber liegende Thor des Zeughauses ein. Niemand leistete Widerstand oder versuchte das Eindringen ins Innere des Gebäudes zu verhindern, obwohl dicht dabei eine Chaine des Handwerkervereins stand, auch die Königswache noch von der Bürgerwehr besetzt war. Die große Masse ging sofort an die Vertheilung der Waffen und Kugeln, wobei planlos vieles auf die Straße geschleppt, dort entweder für wenige Groschen an Vorübergehende abgelassen oder auch weggeworfen wurde. Nun ging man an die obere Etage; es wurden Feuerleitern herbeigeschleppt und diese an die Fenster der 2. Etage gestellt, doch würde das Erklettern derselben, sowie eine Erstürmung der Treppen im Innern des Gebäudes sehr schwierig' geworden sein, so lange das Militair den oberen Raum hielt, aber die mit in den Hof gedrungenen Civilpersonen, unter denen besonders Prem.-Lieut. a. D. Techow und Dr. Eichler sich bemerkbar machten, wandten Überredungen und Vorspiegelungen an, sprachen von einer siegreichen republikanischen Bewegung, wodurch es ihnen gelang, den kommandirenden Hauptmann v. Natzmer vom 24. Regiment, zur Verletzung seiner Pflicht zu verleiten. Das Militair zog ab. Nun folgte eine grauliche Scene der Plünderung und Vernichtung, man raubte die neuen Gewehre, alte Waffen, deren viele mit Silber und Elfenbein ausgelegt waren, man zerschlug unersetzliche Modelle der Artillerie, selbst die Trophäen wurden von den Wänden gerissen. Auf die Kunde hiervon ergingen von den verschiedensten Seiten Meldungen und Anfragen an das Commando. Die einzelnen Bürgerwehr-Abtheilungen verlangten stürmisch nach dem Zeughause geführt zu werden, indeß Major Blesson wies sie zurück, er wollte der Nachricht von der Plünderung keinen Glauben schenken, und befahl, die Stellung auf dem Sammelplatz zu behalten. So kam es denn, daß einzelne Compagnien ohne alle Ordre vorrückten um das Zeughaus wieder zu erobern. Hauptmann Vogel vom 10. Bataillon marschirte mit der 41., 42. und 43. Compagnie und den Friedrichstädtischen Schützen dahin, ihm schließen sich Theile des 7. Bataillons an und er bringt zuerst wieder in das Zeughaus, ihm folgte bald darauf das 12. Bataillon auch ohne Befehl. Jetzt erst wurde endlich energischer gehandelt und befohlen, die Reserven heranzuziehen; Major Neumann erhielt den Befehl, über die dort zusammen zuziehenden Bataillone. Das 16. Bataillon eilte dergestalt, daß es noch in der Nähe der Caserne der Garde-Artillerie, der abmarschirenden Compagnie des 24. Regiments begegnete, geführt vom Dr. Eichler und escortirt von einem Detachement des Handwerkervereins. Während die Bürgerwehr nun auch den Eingang von der Wasserseite in Besitz nahm, rückte auch die zur Wiederbesetzung vorgeschickte neue Militairabtheilung durch das hintere Portal ein. Der Commandant von Berlin hatte den Befehl gegeben, daß, sowie von der Bürgerwehr Generalmarsch geschlagen werde, sämmtliche Truppen aus der Stadt rücken, und sich außerhalb derselben aufstellen sollten. Nur ein Bataillon war bestimmt, in der Caserne zu bleiben und sich bereit zu halten, Zeughaus und Schloß zu besetzen. Dieses Bataillon, das 1. vom 24. Regiment, unter Ob.-Leut. Lentze, rückte durch das Kastanienwäldchen gegen das Zeughaus vor, fand darin aber schon die oben erwähnten Compagnien des 10. Bataillons rühmlichst wirkend. Die Zugänge zu den Gassen besetzte das Militair, die 3 anderen äußeren Seiten Bürgerwehr-Bataillone, wodurch es gelang, allen jetzt aus Thüren und Fenstern retirirenden Plünderern die Waffen abzunehmen, wobei jedoch nirgends von der blanken Waffe Gebrauch gemacht wurde. Erst gegen 3 Uhr war die Ruhe wieder hergestellt, und die noch herbeieilenden Compagnien konnten wieder entlassen werden.

Dritter Wechsel im Commando.

Zum Schutze der Nationalversammlung am folgenden Tage, den 15. Juni, waren 200 Mann des 20. Bataillons bestellt; gleich nach ihnen traf auch das 7. Bataillon ein. Ich führte damals das 20. Bataillon interimistisch und übernahm die Aufstellung beider Bataillone, an die sich später noch das 5. und 4. Bataillon

anreihten, wodurch der Zudrang vieler Neugierigen und Bös=
willigen abgehalten wurde. In der Nationalversammlung erklärte
an diesem Tage Minister=Präsident Camphausen: „Die gestrigen
Ereignisse haben die Unzulänglichkeit der bisherigen Sicherheits=
maßregeln für die Hauptstadt erwiesen, es ist daher vom Ministerium
beschlossen worden, 3 Bataillone Landwehr in Berlin einzuberufen
und für die Stadt eine Schutzwehr zu errichten (Konstabler) welcher
auch die Polizeihandhabung obliegen solle."

Auf eine Requisition des Präsidenten Milde wegen des der
National=Versammlung durch die Bürgerwehr zu leistenden Schutzes
am 15., erklärte Major Blesson erst, daß er dafür nicht auf=
kommen könne, und dann späterhin, daß sich 2 Bataillone frei=
willig gemeldet hätten, und daß er glaube, auf diese rechnen zu
können. In Folge dieser beiden Erklärungen nahm der Abgeordnete
Uhlich Veranlassung, den Antrag zu stellen: „die hohe Versammlung
wolle erklären, daß sie keines Schutzes Bewaffneter bedürfe, sondern
sich unter den Schutz der Berliner Bevölkerung stelle," welcher
leider mit Majorität durchging und wodurch die Bürgerwehr ver=
hindert wurde, unmittelbar das Ständehaus zu besetzen; ein Nachtheil, der sich späterhin sehr unglücklich herausstellte. Vor der
Singacademie erfuhr ich um Mittag, daß der Major Blesson
seinen Rücktritt angezeigt habe, und daß ich zum interimistischen
Führer gewählt worden sei. Ich war geneigt, abzulehnen, aber
da die Nothwendigkeit unter den jetzigen Umständen eine schleunige
Wiederherstellung der Commandeurstelle erforderte, so entschloß ich
mich, die Wahl anzunehmen. Am Abend ließ ich durch das
9. Bataillon, welches sehr energisch auftrat, das Kastanienwäldchen
von den wieder angesammelten Menschenmassen säubern, und ebenso
an den folgenden 2 Tagen bis sich die Lust am Unfug gestillt
hatte. Inzwischen war die Bürgerwehr eifrig bemüht, die ent=
wendeten Waffen wieder herbeizuschaffen; sie untersuchte Wohnungen
ihr verdächtig erscheinender Personen, sowie abgehende Schiffe, so
daß es ihr gelang, die Mehrzahl der entwendeten Waffen wieder
einzubringen. Die nun eintretende fünfwöchentliche, fast ungestörte
Ruhe der Stadt, gestattete auch, für die Bürgerwehr die nöthigen
Anordnungen zu treffen. Namentlich wurden für den Fall eines
Generalmarsches ganz bestimmte Anordnungen für die Aufstellung
jedes einzelnen Bataillons getroffen, Anordnungen, die sich auch
am 16. Oktober, dem einzigen Tage, an welchem ich Generalmarsch
schlagen ließ, vollkommen ausreichend bewährten.

Die Waffensendungen.

Am 19. Juni zeigte mir der Artillerie-Offizier des Platzes an, daß er den Auftrag habe 18,000 Zündnadelgewehre zur Bewaffnung der Füsilierbataillone zu versenden. Man kam überein, zur Verladung und zum Transporte bis zur Moabiter Brücke Commandos der Bürgerwehr zu stellen, dort sollten die Kähne dem Militair übergeben werden und von diesem weiter escortirt werden. Dies blieb auch für alle weiteren Transporte maßgebend, und gelang es stets, den versuchten Angriffen und Excessen durch energisches Eingreifen, die Spitze abzubrechen.

Die Unruhen beim Einrücken des 12. Regiments am 7. Juli.

Gleich nach der Erstürmung des Zeughauses hatten die Communalbehörden beim damaligen Kriegsminister General-Lt. v. Schreckenstein darauf angetragen, Militär in die Nähe der Stadt heranzuziehen. Dieses Gesuch war vom Kriegsministerium genehmigt, jedoch dabei zugleich erwähnt worden, daß ein Theil dieser Truppen in Berlin selbst einmarschiren würde, wo viele Kasernen leer ständen und schon aus ökonomischen Rücksichten bezogen werden müßten. Der Commandant hatte das am 5. Abend der gemischten Commission mitgetheilt und die Communalbehörden beschlossen, es durch öffentlichen Anschlag zur Kenntniß der Einwohner zu bringen. Der bisherige Gebrauch, die Bürgerwehr zu befragen oder sie wenigstens von dem Einrücken des Militairs offiziell zu benachrichtigen, war diesmal unterblieben und hatte einige Aufregung und böses Blut hervorgebracht. Am 7. Morgens wurde mir gemeldet, daß in der Kaserne des Alexander-Regiments sich Bürgerwehr sammle, in der größten Aufregung sei und die Absicht ausspreche, sich dem Einrücken der Truppen zu widersetzen. Sogleich eilte ich mit dem Polizei-Präsident und dem Stadtverordneten Schäffer dorthin, untersagte einem Hornisten, der den 89. Bezirk allarmirte, das fernere Blasen und bemühte mich, die dort anwesenden Wehrmänner, welche zum Theil durch Spirituosen erhitzt, zum Theil durch vielfach hier anwesende bekannte Persönlichkeiten angeregt waren, zu beruhigen. Zugleich erhielt das 9. Bataillon den Befehl, schnell zusammen zu treten und nach dem Marstallgebäude zu marschiren. Auf das Gerücht ähnlicher, auf dem niederschlesischen Bahnhofe, stattfindender Unruhen, fuhr ich in Begleitung der obengenannten Herren dahin, damit die Ankunft der dort gegen Mittag mit dem Frankfurter Zuge eintreffenden beiden Bataillone des 12.

Regiments nicht gestört werde. Glücklicherweise fand ich dort alles
ruhig, ich eilte daher nach der Alexander-Kaserne zurück um dort
vollständig Ruhe zu stiften, dies gelang mir in soweit als die
meisten aufgeregten Wehrmänner nach Hause gingen und nur wenige
sich noch renitent zeigten, als mir die Nachricht zukam, es werde
in verschiedenen Bezirken der Friedrichstadt Generalmarsch geschlagen,
was mich bewog, mich schleunigst nach dem Centralbüreau zu be=
geben, um jedem Unfug vorzubeugen. Während dieser Zeit war
das 12. Regiment eingetroffen und freudig vom Publikum begrüßt,
auf dem Alexanderplatz jedoch dessen Marsch durch den Exceß eines
Bürgerwehrmannes gegen den General v. Aschoff gestört und ebenso
das Einrücken des Regiments in die Kaserene durch Zuschließen
des Thores aufgehalten. Den ganzen Tag über fand ein großer
Andrang von Menschen auf dem Alexanderplatz und vor der
Kaserne statt. Rufe wurden laut, das Regiment habe am 18.
März hier gefochten, und nur mit Mühe ließ sich das Volk be=
lehren, daß dies nur das Füsilierbataillon des 12. Regiments ge=
wesen, welches jetzt in Schleswig sei. Gegen 8 Uhr Abends wurde
der Zudrang größer und man fing an Steine in den Thorweg zu
werfen, vor welchem sich die Landwehr in der Absicht aufgestellt
hatte, zwischen Volk und Militair zu vermitteln. Um diese Zeit
traf ich mit dem 14. Bat. in der Münzstraße ein, ließ mit Trommel=
schlag die Straße vor der Kaserne räumen und absperren; einige
Bezirke vom 20. sowie das 9. Bat. folgten sehr bald, die Neben=
straßen und der Alexanderplatz wurden gereinigt und mehrere Ver=
haftungen vorgenommen.

Das Einhängen der Schloßgitter.

Eine Deputation der Communalbehörden, welche sich nach
Potsdam begeben wollte um dem Könige und dem Prinzen von
Preußen Mittheilungen über die beruhigten Zustände Berlins zu
machen und sie einzuladen wieder nach der Residenz zurückzukehren,
wollte nicht gern vor Se. Maj. treten, bevor nicht die Schloßgitter
wieder eingehängt waren, deren Ausheben den König besonders
mit Unwillen erfüllt hatte. Da die Zahl der Gitter noch vermehrt
worden, konnten sie trotz allen Drängens seitens der Behörden
nicht vor dem 18. eingehängt werden. An diesem Tage um 4
Uhr Morgens wurden sie von den mit der Anfertigung betrauten
Schlossermeistern unter Bedeckung von Bürgerwehr abgeholt, und
sogleich mit dem Befestigen begonnen, was ungestört bis gegen

Abend vollendet war. Wenn auch der Tag ruhig vorüber ging, fehlte es doch keineswegs an unruhigen Elementen, die sich um die Gitter drängen wollten, daran jedoch durch die ausgestellten Posten verhindert und zurückgedrängt wurden.

Die Fahnendemonstration.

Die Einsetzung der provisorischen Reichsgewalt in Folge deren der Erzherzog Reichsverweser die Oberleitung der gesammten deutschen bewaffneten Macht übernommen hatte, bewog den Reichskriegsminister, ein Schreiben an die deutschen Landes-Kriegsminister und so auch an den Minister v. Schreckenstein ergehen zu lassen, in welchem er alle deutschen Truppen aufforderte, Sonntag den 6. August in ihren Garnisonen zu einer Parade auszurücken, wobei ihnen Gelegenheit gegeben werden sollte, dem Reichsverweser ihre öffentliche Huldigung darzubringen. Das Wort Huldigung rief allgemeine Entrüstung hervor; an der Börse riß man die deutschen Cocarden herunter und steckte die preußischen wieder an; auch die bisher noch hin und wieder sichtbaren deutschen Fahnen verschwanden. Kurz darauf erschien ein Buch „Die deutsche Centralgewalt und die preußische Armee". Das Erscheinen dieses Buches sowie des obenerwähnten Erlasses trug viel dazu bei, bei einem großen Theil der Bevölkerung das alte preußische Nationalgefühl wieder zu heben, bei einem andern Theil Mißtrauen hervorzurufen, so daß man seitens des letzteren wohl die preußische Cocarde neben der deutschen, die preußische Fahne neben der deutschen litt, in dem Tragen der preußischen Farben allein aber nur die Anhänger einer Partei erblickte, welche von der deutschen Einigkeit nichts wissen wollte. Am 28. Juli erschienen die Soldaten des 24. Regiments ohne deutsche Cocarden; dies fiel zwar auf, würde aber kaum Veranlassung zu einer Nachfrage gegeben haben, hätten nicht die Soldaten aus der Kaserne am Oranienburger Thor eine preußische Fahne ausgesteckt und dies einen Auflauf der Borsig'schen Arbeiter veranlaßt, der erst beseitigt wurde, als man die preußische Fahne wieder einzog. Am 29. fanden neue Zusammenrottungen an mehreren Punkten der Stadt statt, man zog tumultirend durch die Straßen und verlangte Abnahme der preußischen Fahnen, welche aus den Fenstern verschiedener Häuser, namentlich der Kasernen flaggten, ohne gleichzeitige Aushängung der deutschen Fahnen. So ungerechtfertigt diese Aeußerungen des Unwillens gegen die Nationalfarben waren und vielfach Mißbilligung fanden, so gab doch, um die Ruhe nicht zu stören, der neue Commandant, General-Major v. Thümen, an sämmtliche Truppen die Weisung, sich aller Demonstrationen, mithin auch des Aussteckens der preußischen Fahnen, zu enthalten. Die Artillerie- und Ingenieurschule hatte diese Weisung nicht erhalten und deshalb am 29. Abends eine preußische Fahne ausgesteckt; unglücklicher Weise war kurz zuvor vom Lindenklub ein Mann verfolgt worden, den jemand als Denunziant bezeichnete, und dadurch ein Zusammenströmen von Leuten veranlaßt. Der ganze Haufe zog nun vor die Artillerie- und Ingenieurschule, forderte die Abnahme der Fahne, und da diesem Begehren nicht sogleich gewillfahrt wurde, so warf man die Fensterscheiben ein, worauf die Fahne verschwand. An demselben Tage trat zuerst die Schutzmannschaft in größeren Massen auf und arretirte einige der Unruhstifter, was wiederum größere Zusammenrottungen zur Folge hatte und das Einschreiten der Bürgerwehr nothwendig machte. Das 7. Bataillon wurde alarmirt und verdrängte die Tumultanten von der Artillerieschule und dem Palais des Prinzen von Preußen, wobei einige Verwundungen und mehrfache Verhaftungen vorkamen. Am 1. August vereinigten sich eine Anzahl Studirender zu einer Lustfahrt nach dem Spandauer Berge und fuhren in mehreren Wagen, auf dem ersten eine große deutsche Fahne führend, singend durch Charlottenburg, wo 6 Compagnien des 2. Garde-Regiments eingerückt waren. Als sie Abends zurückkehrten, geriethen sie in Streit mit einigen Soldaten, indem einer der Studenten den ruhig promenirenden Soldaten zugerufen haben soll: „Ihr Bluthunde, Euch werden wir schon kriegen!" — Andere Soldaten eilten ihren Kameraden zu Hülfe und es entstand eine derbe Prügelei, die erst durch herbeieilende Offiziere und Bürgerwehrpatrouillen geschlichtet wurde. Die natürliche Folge davon war, daß andern Tages große Massen Studenten und Künstler nach Charlottenburg fuhren, um dort zu provoziren. Ich eilte selbst nach Charlottenburg, um die Studenten von jedem unüberlegten Schritt zurückzuhalten, kam aber zu spät, denn vor dem Chausseehause traf ich bereits auf die zurückkehrenden Studenten, die, wie sie angaben, beim Herausfahren aus Charlottenburg und auf der Chaussee viele Steinwürfe empfangen hätten. In Berlin verursachte die Zurückkunft der Studenten gegen Abend Zusammenrottungen; ein Redner machte Mittheilung von der den Studenten widerfahrenen Unbill und forderte zu einem Zuge zum Kriegsminister auf, um diesen aufzufordern, das 2. Garde-Regiment von Charlottenburg zu verlegen. Um die mitternächtliche Volksversammlung auseinander zu treiben, hatte ich das 11. Bataillon von der Seite des Brandenburger Thors, das 21. vom Schloß aus vorrücken lassen, und das Erstere sogleich der nach dem Kriegsministerium ziehenden Menge nachrücken lassen. Der Volkshaufe hatte die Thüren geschlossen gefunden, und da nicht geöffnet wurde, wollte man das gewöhnliche Fenstereinwerfen beginnen, als das 11. Bataillon unter Trommelschlag vom Wilhelmsplatz aus vorrückte, die Menge vertrieb und die Ruhe herstellte. Kleinere Tumulte fanden am Kreuzberg statt, wo eine Volksmenge unter Führung des bekannten Lindenmüller die Spitze des dortigen Denkmals roth anstreichen wollte, jedoch daran ebenfalls verhindert wurde.

Die zweite Bürgerwehr-Parade.

Zu der Parade am 8. August wurden von Seiten der Bürgerwehrcommandos das Staats-Ministerium, die National-Versammlung, die Kommandantur, die Communalbehörde und der Polizei-Präsident eingeladen. Die Herren sammelten sich im Lokale des Central-Bureaus, wo sie von dem Major des Stabes, v. Herford, empfangen wurden. Die Bürgerwehr hatte sich indeß auf beiden Seiten der Linden, ähnlich wie bei der Parade am 23. Mai aufgestellt, nur daß auf dem Platze vor dem Opernhause ein Carree formirt war, in welchem die sämmtlichen Bataillonsfahnen und Deputationen aller Compagnien der Bürgerwehr, dem Opernhause gegenüber, aufgestellt wurden. Nachdem der Platz, auf dem sich eine große Menschenmenge angesammelt hatte, von der berittenen Bürgerwehr geräumt worden war, und diese das Carree beim Palais des hochseligen Königs geschlossen hatte, erschienen die eingeladenen Herren im feierlichen Zuge, an der Spitze die deutsche und die preußische Fahne, und nahmen im Carree den Platz gegenüber den Fahnen und Deputationen ein. Hierauf wurde ohne Musik präsentirt und ich sprach folgende Worte: „Kameraden! Unser geliebtes deutsches Vaterland beginnt seine Auferstehung. Jahrhunderte gespalten, zuletzt vollständig getheilt, wird es durch die heißen Wünsche von Millionen wieder vereinigt. Auf, deutscher Aar! beginne deinen kühnen Flug zu neuem Ruhm, zu neuem Glanz. Preußen, groß durch seine Könige, stolz darauf, daß es in Zeiten der Erniedrigung Deutschlands die Ehre des großen Vaterlandes zu wahren gesucht hat, stolz darauf, vorangegangen zu sein, als es galt, die Fesseln fremder Tyrannei zu brechen, Preußen, zu seinem größten Stolze ist es ihm vergönnt, unter dem Vortritt seines deutsch-gesinnten Königs den besten, größten Theil in diese, unser großes Vaterland auf Jahrhunderte sichernde Vereinigung zu bringen. Darum dieser Vereinigung Deutschlands unser donnerndes Hoch!" Die Fahnen wurden gesenkt und die sämmtlichen Spielleute und Musikchöre fielen ein. Auf ein gegebenes Zeichen kehrten die Fahnen-Deputationen zu ihren Bataillonen zurück, die Musikchöre schwiegen, sowie die Fahnen eingetreten waren, worauf bataillonsweise geschultert und zum Vorbeimarsch formirt wurde. Der Vorbeimarsch fand bei dem königl. Schlosse vor dem Ministerpräsident v. Auerswald statt, und es nahmen an ihm ca. 10,000 Wehrmänner Theil; auch die fliegenden Corps, mit Ausnahme der Studenten, waren vertreten.

Vor und während dieser Parade fehlte es nicht an Demonstrationen derjenigen Partei, welche am 6. die Parade zu Ehren des Reichsverwesens abgehalten hatte und von einer Feierlichkeit am 8. nichts wissen wollte.

Die Einweihung des Standbildes Friedrichs d. Gr. im Friedrichshain.

Am 17. August, dem Sterbetage Friedrichs d. Gr., fand im Friedrichshain die Enthüllung des Denkmals statt, welches der Bürger Freitag dem großen König gewidmet hat. Das 20., 21., 22. und 23. Bataillon nahm an der Feier theil; der Major Wegener commandirte die Parade. Nachdem der Stifter des Denkmals angezeigt hatte, daß er dieses Denkmal seinen Mitbürgern weihe, senkte sich die Hülle und die Bürgerwehr präsentirte. Nach einer Rede des Bürgermeisters Naunyn, welcher drei Lebehochs ausbrachte, das erste dem Andenken des großen Königs, das zweite dem Vaterlande und unserem Königshause, das dritte dem deutschen Vaterlande, defilirten die Bataillone am Fuße des Denkmals.

Die Mißhandlung der Demokraten in Charlottenburg und der 21. August.

Seit einigen Tagen war in Charlottenburg ein demokratischer Club zusammengetreten und hatte sich Sonntags, am 20. in einem Caffeehause zu einer Sitzung versammelt, als er von einer ca. 100 Mann zählenden Volksmenge überfallen und die Mitglieder stark gemißhandelt wurden. Sie ergriffen die Flucht, doch die Menge, nicht befriedigt, eilte von Haus zu Haus, um die dort wohl bekannten Demokraten schärfer zu züchtigen. Die Charlottenburger

Bürgerwehr versammelte sich erst spät und in sehr geringer Anzahl, scheint auch nicht geneigt gewesen zu sein, gegen die Tumultanten einzuschreiten. Diese Vorfälle wurden natürlich gegen Abend in Berlin bekannt und mit den abenteuerlichsten Zusätzen verbreitet. Am 21. Morgens versuchten einige hundert Arbeiter gewaltsam in die Wohnung des Ministers Milde zu bringen, wurden jedoch von Schutzleuten zurückgetrieben; ebenso fanden vor dem schlesischen Thore einige Unruhen statt, die ebenfalls von der Schutzmannschaft unterdrückt wurden. An demselben Tage Abends fand das zu Ehren der Commandeurswahl bestimmte Bürgerwehrsfest bei Kroll statt, an welchem sich sehr viele Bürgerwehrmänner betheiligten und bei welchem ich, auf den die Wahl gefallen, nicht fehlen konnte. Es ist nicht unwahrscheinlich, daß sich die Unruhstifter absichtlich diesen Tag zur Ausführung ihrer Absichten gewählt hatten. Sie hielten gegen 9 Uhr eine Volksversammlung vor dem Opernhause, die sich sehr schnell zusammenfand. Die dort sprechenden Redner beklagten sich über die Charlottenburger Rohheiten, über die Schutzmannschaft und über die vielen politischen Denunziationen und Verurtheilungen; endlich kam sogar die Aufforderung, die Minister zur Niederlegung ihrer Aemter zu zwingen. Man zog nach dem Hause des Ministers Kühlwetter, wo eine Deputation Einlaß verlangte. Dies geschah unter vielem Geschrei, wobei der Ruf sich hören ließ, der Minister solle abdanken. Da der Deputation nicht geöffnet wurde, so begann man gewaltsam gegen das Haus anzustürmen, als ein Hausbewohner erschien und mittheilte, daß der Minister sich nicht im Hause befinde. Man begnügte sich aber nicht damit, sondern drang in das Haus ein und durchsuchte dasselbe; erst nachdem man sich überzeugt, daß der Minister wirklich nicht zu Hause sei, beschloß man, sich zum Justizminister und zum Ministerpräsidenten zu begeben. Der erstere trat dem Volkshaufen persönlich entgegen und erwiderte auf das Verlangen des „souverainen" Volkes um Freilassung der politischen Gefangenen, „er kenne kein anderes souveraines Volk als das, was durch seine Abgeordneten in der Nationalversammlung seine Stimme abgebe." Durch diese Worte imponirte er dem Volkshaufen, der nun zum Hotel des Ministerpräsidenten zog und hier auf eine an denselben abgeschickte Deputation wartete. Da erschienen plötzlich etwa zwanzig Schutzmänner auf der Rampe des Hotels, und erregten schon durch ihr Erscheinen eine erhöhte Mißstimmung. Es ist ziemlich gleichgültig, ob diese Schutzmänner vor den ersten Steinwürfen mit dem Säbel einhieben, oder

ob es nachher geschah; denn darüber herrscht kein Zweifel, daß die
ersten Steinwürfe eben nur den Schutzmännern galten, die in einem
Augenblick erschienen, wo man unterhandelte, und daß das Volk
erst nach dem Einhauen derselben anfing, das Palais des Ministers
zu demoliren, namentlich Thüren und Fenster desselben einzuwerfen,
was um so bedauerlicher war, als sich gerade beim Minister Gesell=
schaft und in derselben ein großer Theil der Diplomatie befand,
die durch den Garten flüchten mußte. Die Rampen vor dem Hotel
wurden zerstört, die hohen eisernen Laternenpfähle umgeknickt und
der aus den Röhren hervorströmende Gasstrom angezündet, so daß
die Flammen hoch emporloberten. Als die Bürgerwehr endlich
einschritt, wandte sich die Wuth der Tumultanten gegen diese, die
Fliehenden begannen unter den Linden die steinernen Pfeiler um=
zureißen, die in denselben befindlichen eisernen Stangen auszubrechen
und zum Aufreißen des Steinpflasters zu benutzen. Der Minister
Kühlwetter, welcher schon am Nachmittag gewarnt worden sein soll,
hatte von dieser Warnung den Polizei-Präsidenten in Kenntniß
gesetzt, dennoch erfolgte die erste Mittheilung an die Bürgerwehr
erst um 7 $\frac{1}{2}$ Uhr Abends. Es wurde sogleich das du jour-habende
10. Bataillon alarmirt, erschien aber erst, nachdem die Excesse in
der Wilhelmstraße theilweise geschehen, trat jedoch mit Energie auf
und zerstreute die Massen. Während der Zeit waren bei Kroll
Gerüchte verschiedener Art eingelaufen; einige Herren aber erklärten,
sie kämen von den Linden und hätten dort alles ruhig gefunden,
dennoch ließ ich das 20. Bataillon sofort alarmiren und beorderte
es nach den Linden, als ein Schreiben des Hauptmann Eschwe
mich bestimmte, sogleich die Gesellschaft zu verlassen und noch dem
7., 8. und 14. Bataillon Befehl zum schleunigen Ausrücken zu
geben. Mit den eiligst zusammengerafften Mannschaften wurden
die Linden und die Nebenstraßen geräumt. An der Behren- und
Friedrichsstraßen-Ecke hatte man den Bau einer Barrikade ange=
fangen und warf mit Pflastersteinen; ich ließ sie von einem Theil
des 8. Bataillons mit dem Bajonett nehmen, abräumen und die
Tumultanten verfolgen. Die Barrikade wurde späterhin noch ein=
mal angefangen und von demselben Theil des 8. Bataillons wieder
genommen und gänzlich abgeräumt." Die letzten Volkshaufen be=
fanden sich in der Friedrichsstraße, nach der Weidendammer Brücke
zu; hier waren auch Schutzmänner aufgestellt, um die Straße ab=
zusperren, als von der Brücke her zwei Schüsse fielen, die jedoch
niemand trafen. Eine sogleich vorrückende Abtheilung erfuhr, daß

diese Schüsse von Maschinenbauarbeitern gegen die Schutzleute gerichtet worden seien, die betreffenden Arbeiter sich jedoch schleunigst entfernt hätten. Man warf später der Bürgerwehr vor, diese Excesse nicht verhütet zu haben, da schon am Tage vorher davon die Rede gewesen, die Ministerhotels sollten gestürmt werden. Wie unbegründet dieser Vorwurf gewesen, geht wohl daraus hervor, daß selbst das Polizei-Präsidium mit seinen weit verzweigten Organen keine Schutzmaßregeln getroffen, also wohl nicht an Gefahr geglaubt hatte; denn in größeren Massen erschienen die Schutzmänner erst nach der Bürgerwehr. In Folge des von den Maschinenbauarbeitern begangenen Excesses gegen die Schutzmannschaft wurde eine Untersuchung eingeleitet, und diese Compagnie so lange vom Dienst suspendirt, bis den Theilnehmern und Aufwieglern die Gewehre abgenommen und sie aus der Bürgerwehr entfernt waren. Erst nachdem dies geschehen, wurden diese Companien wieder zum Dienst herangezogen.

Die nächtliche Durchsuchung des Gebäudes Johannisstr. 4.

Die Unruhen der letzten Tage erregten mancherlei Besorgnisse; man wollte erfahren haben, daß bedeutende Munitionsvorräthe an verschiedenen Orten der Stadt versteckt gehalten würden; und das Polizei-Präsidium erhielt den Auftrag darauf zu vigiliren. Es war im Centralbureau die Nachricht eingegangen, man werde am 26. August gegen Mitternacht dem Abgeordneten Schramm, welcher auf der Schloßfreiheit wohnte, einen Fackelzug bringen. Dies machte eine Aufstellung mehrerer Bürgerwehr-Abtheilungen im Schlosse nothwendig, zu welcher auch die Veteranen und die junge Kaufmannschaft beordert wurden. Gegen Mitternacht erging vom Polizei-Präsidium eine Requisition um Schutz der Bürgerwehr, falls bei einer Haussuchung in der Johannisstr. nach Munitionsvorräthen die dazu beorderte Schutzmannschaft einem Angriff ausgesetzt sein sollte. Dieser Schutz durfte nicht verweigert werden, doch ließ das Commando den Führer des bewaffneten Handwerkerkorps sogleich von dieser Haussuchung in Kenntniß setzen, obwohl das betreffende Gebäude Local des Handwerkervereins war, dessen Vorstand sich vor kurzem von der Verantwortlichkeit über das bewaffnete Handwerkerkorps losgesagt hatte; also der Handwerkerverein in gar keiner Beziehung zum Bürgerwehrcommando stand. Die ganze Sache würde weniger die Aufmerksamkeit auf sich gezogen und die sämmtlichen Clubs weniger in Harnisch gebracht haben, wenn man die Bürgerwehr entfernter von dem Hause selbst aufgestellt hätte, dies war jedoch leider nicht geschehen und nun suchte man die Sache so darzustellen, als ob die Bürgerwehr selbst die Haussuchung abgehalten hätte, wozu sie von Niemand beauftragt war. Diese Angelegenheit wie auch die Absicht der Befreiung der politischen Gefangenen verursachten am 28. August Abends eine Ansammlung von Gruppen im Kastanienwäldchen und am Opernhause; diese Ansammlungen bestanden zum Theil aus Leuten in Blousen, die die Vermuthung veranlaßten, daß sie dem Handwerkerverein oder den Maschinenbau-Arbeitern angehörten. Gegen 8 Uhr wurden diese Gruppen größer und zogen sich nach dem Opernhause, wo Reden gehalten wurden, welche eine entschiedene Aufforderung zur gewaltsamen Befreiung der politischen Gefangenen enthielten. Gleich bei dem Beginn der Reden beorderte ich 4 Compagnien des 17. Bataillons, welche im Schloß consignirt waren und etwa 300 Mann zählten, bis zum Durchgange nach der Oberwallstraße vorzurücken; hier schlossen sich an ihren linken Flügel 150 Mann des 7. Bataillons an und in dem Augenblick, als die Aufforderung der Redner, die Gefangenen zu befreien, stürmisch von den Versammelten angenommen wurde, ließ sich das Horn der Bürgerwehr, welches das sofortige Räumen des Platzes gebot, vernehmen. Hierauf rückte die Bürgerwehr mit Trommelschlag an, verjagte die auf der Treppe des Opernhauses stehenden Personen und ging bis zur Ecke des Opernplatzes vor, als plötzlich aus der Mitte des Volkes ein Schuß fiel. Sofort ertönte der alte bekannte Ruf: „die Bürgerwehr hat geschossen, auf zu den Waffen!" und alles lief nach der Richtung der Behrenstr. zu. Ein Mann mit verbundenem Kopfe wurde durch die Friedrichs- und Behrenstr. geführt und dabei geschrien, die Bürgerwehr habe auf ihn geschossen. Das 7. Bataillon marschirte sofort nach der Oberwall- und Jägerstr.-Ecke und kam gerade zur rechten Zeit, um den dort befindlichen Waffenladen vor Plünderung zu schützen. Die Compagnien des 17. Bataillons räumten indeß den Opernplatz und die nächsten Umgebungen und hielten dann das Schloß besetzt, bis die Ruhe wiederhergestellt war.

Der 7. September.

In Folge der Schweidnitzer Ereignisse zwischen Civil und Militair hatte der Abgeordnete Stein am 9. August in der Nationalversammlung den Antrag gestellt: „Das Ministerium möge an das Heer und namentlich an die Offiziere eine Aufforderung ergehen laſſen, ſich von allen reactionairen Beſtrebungen fern zu halten und nicht nur Conflicte mit dem Civil zu vermeiden, ſondern auch durch Annährung an die Bürger zu beweiſen, daß ſie mit Aufrichtigkeit und Hingebung an der Gründung eines conſtitutionellen Rechts=zuſtandes mitarbeiten wollten." — Dieſer Antrag war mit großer Majorität durchgegangen, ſelbſt das Amendement von Schultze=Wanzleben: „daß es in dieſem Erlaſſe denjenigen Offizieren, mit deren politiſcher Ueberzeugung dies nicht vereinbar ſei, zur Ehren=ſache gemacht werde, aus der Armee auszutreten" — ging mit 180 gegen 179 Stimmen durch.

Auf die ſpätere Anfrage, ob dieſem Antrage Folge gegeben ſei, wurde am 4. September folgendes Antwortſchreiben des Mi=niſteriums in der Nationalverſammlung verleſen:

„Der mitunterzeichnete Kriegsminiſter hat während ſeiner Amts=führung niemals unconſtitutionelle Grundſätze irgendwie auftommen laſſen, und auch die Armee hat keinen Zweifel an ihren Geſinnungen in dieſer Beziehung verdient, ſie hat vielmehr auch jetzt bei vielen Gelegenheiten ſich glänzend bewährt. Ebenſo ſind die Befehlshaber durch Erlaſſe auf das conſtitutionelle Princip hingewieſen und ihnen zur Pflicht gemacht worden, Beſtrebungen entgegenzutreten, durch welche, ſei es im republikaniſchen oder im reactionairen Sinne, die fortan feſtſtehenden conſtitutionellen Grundſätze gefährdet werden. Wo gegen dieſe Principien in einzelnen Ausnahmefällen gefehlt worden, wurde es immer gerügt und der Kriegsminiſter wird in dieſer Beziehung bei vorkommenden Gelegenheiten auch ferner ſo verfahren. Allgemeine Erlaſſe aber, wie der vorgeſchlagene, ſind dem Weſen der Armee nicht zuträglich, ſondern von verderblichen Folgen für ihre Stellung und Disciplin. Ein ſolcher Erlaß würde an die Stelle des vertrauensvollen Gehorſams Mißtrauen ſetzen und die Disciplin untergraben. Bei der ſchweren Verantwortlichkeit, die dem Kriegsminiſter wie jedem andren Miniſter obliegt, würde wohl alſo ihm die Wahl der Mittel zu überlaſſen ſein, welche er als geeignet zur Erreichung des Ziels anerkennt, das er gemeinſam mit der Nationalverſammlung anſtrebt." — Unterzeichnet von ſämmtlichen Miniſtern.

Hierauf ſtellte Stein einen neuen Antrag: „daß es die bringendſte Pflicht des Staatsminiſteriums ſei, denjenigen Erlaß, welchen die Na=tionalverſammlung in ihrer Sitzung vom 9. Auguſt beſchloſſen hat, ohne Weiteres, zur Beruhigung des Landes, zur Erhaltung des Vertrauens, ſowie zur Vermeidung eines Bruches mit der Ver=

sammlung, ergehen zu lassen." — Die Discussion über diesen Antrag hatte begonnen, wurde aber nicht beendet, und auf Donnerstag, den 7. September, vertagt, wodurch diese ganze Angelegenheit zur Kenntniß des Publikums kam. Am 6. erfuhr ich, daß in mehreren Bürgerwehrcompagnien folgende Erklärung zur Unterschrift circulire: „Hohe Nationalversammlung! Das Staatsministerium hat in der Sitzung vom 2. d. M. verweigert, einen Beschluß, welchen eine hohe Nationalversammlung bereits am 9. August gefaßt hat, auszuführen. Mit gerechtem Erstaunen und Bedauern haben wir diese Weigerung vernommen. Die Abgeordneten sind die einzigen und alleinigen Vertreter des Volkes. Wir können dem Ministerium nimmermehr das Recht zugestehen, dem Willen des Volkes entgegenzutreten. Wir erklären daher, daß wir durch die ausgesprochene Weigerung des Ministeriums die Ehre und Würde der National=Versammlung für bedroht erachten und dieselbe in ihren Beschlüssen mit allen unseren Kräften schützen und aufrecht erhalten werden." — Diese Erklärung war auch dem Commando zugegangen, welches noch besonders durch einen höheren Beamten im Ministerium des Innern darauf aufmerksam gemacht, sich veranlaßt sah, dagegen Schritte zu thun und deshalb die sämmtlichen Majore und Hauptleute nach dem Centralbüreau berief, auch einen allgemeinen Appell Abends 7 Uhr ansetze. Hier sprach ich meine Ansicht aus, daß die Nationalversammlung weder in ihren Berathungen noch Abstimmungen terrorisirt werden dürfe, daß die betreffenden Abstimmungen und Beschlüsse der Nationalversammlung noch keine Gesetze wären und daß es hauptsächlich Pflicht der Bürgerwehr sei, die gesetzliche Ordnung aufrecht zu erhalten. Es erhob sich nun eine Debatte und gelangte der Antrag des Führers der Studenten Wolff: „Die Bürgerwehr Berlins sieht in dem ausgesprochenen Willen der Majorität der Nationalvertreter den Willen des preußischen Volkes und wird demgemäß einen Beschluß dieser Majorität mit allen ihr zu Gebote stehenden Mitteln aufrecht zu erhalten wissen" — zur Discussion und wurde mit Majorität angenommen. In der National=Versammlung wurde dieser Beschluß vom Präsidenten der Versammlung mitgetheilt. Da man Unruhen und Demonstrationen gegen die Abgeordneten befürchtete, wurden am 7. das 4., 5., 10. und 15. Bataillon im Schloß und im Palais consignirt, um auf den ersten Wink zum Schutze der Versammlung anrücken zu können. Das Kastanienwäldchen war vom Publikum besetzt, welches selbst der brennenden Mittagssonne nicht wich. Gegen Nachmittag häufte sich das Publikum immer mehr, selbst auf den Fluren und Treppen der Singacademie standen dichte Gruppen, auf das Resultat der verschiedenen Abstimmungen horchend, aber im Allgemeinen herrschte Ordnung. Endlich trat Jemand aus der Singacademie hervor und verkündete den Sieg der Linken, die Annahme des Stein'schen Antrages. (Die Majorität" betrug 78 Stimmen, ein Resultat, das lediglich den äußeren Einwirkungen auf die Gemüther zugeschrieben wurde.) Jetzt brach ein donnerndes Bravo los; man begleitete die fortgehenden Abgeordneten der Rechten nur hier und da mit Zischen. Ebenso ungestört entfernten sich die Minister. Tosender Jubel aber brach los, als etwas später die Mitglieder der Linken erschienen, besonders als der Abgeordnete Stein heraustrat. Dann verlief sich die Menge, ohne daß Excesse stattfanden.

Zwistigkeiten mit dem Militair.

Am 13. Juli waren bereits Soldaten, welche vor der Kaserne in der Carlstr. spazieren gingen, mit Leuten aus den niederen Volksklassen in Streit gerathen, der, da sich immer größere Trupps ansammelten, in eine Schlägerei ausartete. Zwischen den einschreitenden Bürgerwehrpatrouillen und den Tumultanten, die gemeinschaftliche Sache machten, kam es zu einem Zusammenstoß, bei welchem mehrere Verwundungen stattfanden. Der Hauptstreit fand am 18. September Abends zwischen 8—9 Uhr statt und artete wieder zu Thätlichkeiten zwischen Civil und Militair aus; Schutzmänner und Polizeibeamte bemühten sich, den Streit zu schlichten, doch auch sie wurden angegriffen und geschlagen, und ein sich flüchtender Schutzmann von den Soldaten bis in den nahen Tabacksladen des Kaufmanns Wigaart verfolgt, dort maltraitirt, der Ladenbesitzer verfolgt, verwundet und der Laden demolirt. Der dadurch entstandene Lärm veranlaßte die Alarmirung der umliegenden Bezirke und das 5. Bataillon besetzte den Schloßhof. Das 16. Bataillon unter Major von Bünau hatte mit gefälltem Gewehr die Karlstr. geräumt, unterstützt von den Offizieren, welche die Soldaten in Ordnung brachten, gelang es ihm, die Ruhe wieder herzustellen.

Die Militair-Parade am 20. September.

Am 19. hatte General von Wrangel den Commandeur der Berliner Bürgerwehr mit einem Besuch beehrt und zu der am folgenden Tage stattfindenden Parade über die Garnison eingeladen. Infolgedessen war der Commandeur mit seinem Stabe und der berittenen Bürgerwehr am 20. dem General entgegen geritten und hatte ihn im Namen der Berliner Bürgerwehr begrüßt. Dieser Gruß war sehr freundlich aufgenommen worden und der General hatte den Commandeur eingeladen, während der Parade neben dem Commandanten an seiner Seite zu bleiben. Nach dem Vorbeimarsch der Truppen ritt der General über die Schloßbrücke und sammelte die Offiziere um sich; ein großer Theil der Zuschauer folgte dahin und umstand den General in großem Kreise. Der General sprach laut und vernehmlich, er schilderte den erhebenden Eindruck, den der feierliche Empfang in Potsdam, und vorzugsweise in Berlin auf ihn hervorgebracht habe. Es erfülle ihn dies mit froher Zuversicht auf die Zukunft. Indeß sei er weit entfernt, diese Anerkennung seiner Person zuzuschreiben, dieselbe gebühre den siegreichen Truppen, an deren Spitze es ihm vergönnt gewesen, zur Ehre Preußens und Deutschlands zu stehen. Der König habe ihm den größten Beweis der Gnade und des Vertrauens gegeben, indem er ihm das Commando über die in den Marken stehenden Truppen übertragen. Er erscheine hier, um die Freiheiten, die von Sr. Majestät dem Könige dem Volke verliehen seien, als ein Heiligthum zu wahren. Keine Reaction! sagte der General, sich zu dem Volk wendend, und ein allgemeines Bravo erscholl rings umher. Als der Jubelruf geendet, fuhr der General fort: „Wie traurig sehe ich Berlin wieder; die Häuser sind verödet, die Läden voller Waaren, aber ohne Käufer, der fleißige Bürger ist ohne Arbeit, ohne Verdienst, der Handwerker verarmt, in den Straßen wächst Gras. Das muß anders werden; die Anarchie muß aufhören, nur wo Ordnung ist, vermögen sich die Freiheiten zu entfalten, und ich werde die Ordnung auf jede Weise schützen, das betheure ich mit meinem Worte und ein Wrangel hat nie sein Wort gebrochen. Ich stehe an der Spitze siegreicher Truppen, sie haben scharf geschliffene Schwerter an der Seite und die Kugel im Laufe, aber nicht gegen Euch, sondern nur gegen diejenigen, welche die Ordnung stören wollen. Die Soldaten sind eure Brüder, eure Söhne; sie haben denselben Zweck, Preußens Ruhm und Größe aufrecht zu erhalten und Deutschlands Einigkeit mit zu begründen. Sie sind Eure Freunde und zwischen Freunden muß Verträglichkeit herrschen!" Nachdem der General noch einige Worte zu den Offizieren gesprochen, endete er mit einem dreimaligen Hoch auf den König, worin alle Zuschauer einstimmten. —

Der Versuch zur Befreiung der politischen Gefangenen aus der Stadtvogtei.

Nach der Abstimmung am 7. September hatte das Ministerium Auerswald seine Entlassung gegeben, kurz darauf wurden die Sitzungen bis zum 19. vertagt, einmal weil noch kein neues Ministerium ernannt war, zweitens eine Verlegung des Sitzungslokales nach dem Schauspielhause stattfand. Einen unglücklicheren Tausch mit dem Lokal in Bezug auf Sicherung von Außen, hätte die Nationalversammlung nicht machen können; die Singacademie war wenigstens von zwei Seiten gesichert und die dritte leicht abzusperren. Das Schauspielhaus auf dem größten Platze Berlins, frei und von allen Seiten zugänglich liegend, erforderte schon in Bezug auf seine Größe, Bauart und vielen Eingänge eine starke Besatzung, wenn es gegen äußere Angriffe gesichert sein sollte. Um den Platz abzusperren, müssen 12 Straßenmündungen besetzt werden, von denen jede so breit ist, daß ein Bürgerwehrbataillon in der damaligen Stärke (300 Mann), also 12 Bataillone dazu erforderlich wurden. Nimmt man nun noch auf die nothwendigen Reserven Rücksicht, so erforderte die Absperrung des Platzes mehr Kräfte, wie die Bürgerwehr im Stande war, auf die Dauer zu verwenden; ganz abgesehen davon, daß eine gewaltsame Räumung des Platzes ohne Anwendung der Schießwaffe kaum auszuführen war. Nachdem am 22. Septbr. der neue Ministerpräsident General-Lieutenant von Pfuel auf die Kirchmann'sche Interpellation in Betreff des von Wrangel'schen Armeebefehls geantwortet hatte, sollte in der Sitzung vom 25. die Erklärung des Ministeriums erfolgen, was in Beziehung auf die Beschlüsse vom 9. August und 7. September geschehen sei. Mit großer Spannung sah man diesem Tage entgegen. Gewitterschwangere Wolken hingen über die Stadt und drohten sich zu entladen; die Clubs hatten alles aufgeboten, die Bewegung imposant zu machen; die Arbeitsstätten waren verlassen, lange Züge von Arbeitern, einzelne Trupps Bewaffnete, streiften schon früh morgens durch die Straßen, die an diesem Tage nicht durch den gewöhnlichen Verkehr belebt wurden. Um 3 Uhr Morgens erhielt ich folgenden Brief des Polizei-Präsidenten: „Nach den mir aus zuverlässiger Quelle zugegangenen Nachrichten sind von Seiten der demokratischen Partei alle Vorbereitungen für den Beginn eines Kampfes auf morgen getroffen. Die Grundzüge des entworfenen Planes sind in kurzem folgende: Durch Barrikadirungen werden zwei Vertheidigungslinien gebildet, von denen die erstere gegen die im Innern der Stadt und namentlich auf den Plätzen am Schloß, Opern- und Schauspielhause aufgestellte bewaffnete Macht, welche von den Thoren abgesperrt werden soll, die zweite gegen einen etwa von Außen anrückenden Angreifer schützen solle. Die Erstere umfaßt den Theil der Stadt, welcher zwischen der Friedrichs-, Mohren-, Kurstr., dem Spittelmarkt, der Leipziger-, Commandanten-, Jacob-, Holzmarkt-, Alexander- und Münzstr., dem Haakschen Markt, der Artilleriestr. und dem Kupfergraben bis zur Weidendammer Brücke liegt. Die 2. ausgedehnte Fortificationslinie schließt die Wilhelms-, Bessel-, Linden-, Jacobs-, Holzmarktstr., die Rosengasse, Frankfurter-, Gollnow- und Linienstr., das Oranienburger Thor, die Communikation daselbst, die Philipps-, Louisen- Charitéstr. und den Unterbaum gegen außen ab. Durch die zwischen den beiden Fortifikationslinien belegenen Häuser sollen in der ersten Etage Communicationen gebrochen und sofort bei Beginn des Kampfes die Sturmglocken gezogen werden. Der erste und heftigste Kampf steht unter den Linden zu erwarten und wird sich besonders heftig an den Straßenecken, die zu einer kräftigen Vertheidigung empfohlen sind, entspinnen. Ein Theil der zum Kampf bestimmten Mannschaften wird schon von morgen früh ab in den Vorstädten vor dem Frankfurter, Landsberger und neuem Königsthor disponibel gehalten werden. Die Patronenvorräthe der Anarchisten befinden sich zumeist vor dem Hamburger Thor, weshalb ich eine sehr sorgfältige Beobachtung der bezeichneten Stadttheile, sowie des Alexanderplatzes, Haakschen Marktes, Pariser und Leipziger Platzes, auf denen Concentrirungen größerer Massen stattfinden sollen, ergebenst anheimstelle. Die Aufrührer berechnen ihre Streitkräfte auf 20—30,000 Mann; auch das Schloß und die öffentlichen Gebäude sollen angegriffen werden." — gez. der Polizei-Präsident.

Außer der bereits früher bestellten Schützengilde, welche zur Besetzung des Schlosses und der Seehandlung bestimmt war, wurden nun in Folge dieses Schreibens morgens das 4. Bataillon im Schlosse, das 8. Bataillon im Palais consignirt; nachmittags das 19. Bataillon nach dem Schlosse, das 14. nach der Seehandlung zur Ablösung beordert. Die Adjutanten sämmtlicher Bataillone mußten sich den Tag über im Centralbüreau aufhalten, um nothwendig werdende Alarmirungen sofort zu besorgen, auch wurden gegen Abend noch die Veteranen und Scharfschützen nach dem Schlosse beordert und die berittene Bürgerwehr machte den ganzen Tag Patrouillen nach den im Briefe bezeichneten Stellen. Bei der bedeutenden Macht, welche, nach dem

Briefe des Polizei-Präsidenten, die Bürgerwehr gegen sich zu erwarten hatte, war es nothwendig, sie so vollständig wie nur möglich an diesem Tage zu sammeln. Es wurden daher, da dem Commando dazu keine gesetzlichen Mittel zu Gebote standen, folgende zwei Proclamationen durch Anschlag verbreitet. Sie hatten den Zweck und den Nutzen, daß die Bürgerwehr in der That an diesem Tage sehr vollständig erschien und aus diesem Grunde kein Kampf stattfand.

1) Kameraden!

"Die Zeit ist ernst und schwer! Sie haben mich an Ihre Spitze berufen, ich hoffe auch in diesen Stunden mich Ihres Vertrauens würdig zu zeigen. Ihre Rechte, die Freiheiten unseres Volkes sind mir heilig. Ich habe in diesem Sinne stets gehandelt und werde fortfahren, so zu handeln. Unser theuer erkauftes Recht, allein für die Aufrechthaltung Sorge tragen zu dürfen, ist vor der National-Versammlung durch das Staats-Ministerium von Neuem anerkannt. Verkennen wir keinen Augenblick unsere schwere Verantwortlichkeit! Bedenken wir, daß es Parteien giebt, die nichts sehnlicher herbeiwünschen, als die Gelegenheit zu einem Einschreiten des Militairs; die Eine, um uns dadurch dem alten Absolutismus, die Andere, um uns der Anarchie in die Arme zu werfen. In Ihrer Hand liegt es, solche finstere Pläne zu Schanden zu machen. Erscheinen Sie alle ungesäumt auf meinen ersten Ruf, folgen Sie muthig und entschlossen meinen Anordnungen. Ihres Beschlusses vom 6. d. M. eingedenk, werde ich mit Ihnen dem ersten demokratischen Principe „Achtung der Majorität" Geltung verschaffen. Die National-Versammlung, die Vertreterin der Volksrechte, ist dem Schutze des Berliner Volkes, also auch unserem anvertraut. Zur Unterdrückung jedes Versuches, die hohe Versammlung mit roher Gewalt einzuschüchtern oder zu zersprengen, komme er von welcher Seite er wolle, rechne ich auf Ihren Beistand. Berlin, d. 25. Sept. 48. Das C. b. B. B. Rimpler."

2) Volk von Berlin!

„Indem ich hiermit den am heutigen Tage an die Bürgerwehr Berlins erlassenen Tagesbefehl zur öffentlichen Kenntniß bringe, hege ich die feste Ueberzeugung, daß in den jetzigen, politisch aufgeregten Momenten von allen Seiten dahin gestrebt werden muß, das Band der Einigkeit zwischen dem bewaffneten und unbewaffneten Theile des Volkes ungetrübt zu erhalten und zu kräftigen. Möge die Bevölkerung Berlins, durch mich, den natürlichen Vertreter der Bürgerwehr, die Versicherung entgegen nehmen, daß die Bürgerwehr

Berlins, eingedenk ihres hohen Berufes, die politischen Freiheiten nach allen Seiten hin schützen und mit Aufbietung aller Kräfte dem ersten demokratischen Principe „Achtung vor dem Willen des gesammten preußischen Volkes", wie er sich durch Majorität seiner unter uns versammelten Vertreter kund giebt, huldigen und demselben Geltung verschaffen wird. Berlin, d. 25. Sept. 48. D. C. B. B. Rimpler."

Obwohl sich bedeutende Volksmassen um das Schauspielhaus gesammelt hatten, hin und wieder Reden gehalten wurden und Arbeiter mit rothen phrygischen Mützen in langen Zügen, einander untergefaßt, das Schauspielhaus umkreisten, blieb die Ruhe ungestört, und da dem Antrage durch einen Armeebefehl Genüge geschehen, der Antragsteller selbst erklärt hatte, er freue sich, daß der Beschluß vom 7. b. M. nach seinem Sinne ausgeführt worden sei, so fiel der eigentliche Grund, der einen Kampf hätte veranlassen können, fort, wenn die kampflustige Partei mit der Erklärung des Ministerpräsidenten ebenso zufrieden gewesen wäre als der Antragsteller. Die einmal feiernde und vielleicht auch bezahlte Menge blieb aber auch nach dem Schluß der Nationalversammlung beisammen, nur die Arbeiterzüge entfernten sich. Nachmittags gegen 6 Uhr begab sich die Menge nach dem Kriegsministerium, um vom Ministerpräsidenten die Befreiung der politischen Gefangenen zu erwirken. Ich eilte sogleich mit dem 14. Bataillon nach, fand aber die Menge dort nicht mehr, ließ jedoch zur Vorsicht das 14. Bataillon sich auf dem Hofe der Kgl. Porzellan=Manufaktur aufstellen und beauftragte es, Patrouillen in die Umgegend zu senden und jeden entstehenden Tumult sofort energisch zu unterdrücken. Nach dem Centralbüreau zurückgekommen, erfuhr ich, daß die Menge sich nach der Stadtvoigtei begeben habe, um die Gefangenen zu befreien, daß das 19. Bat. bereits hingeschickt wäre und das 5. allarmirt würde. Bei der Stadtvoigtei fand ich das 19. Bataillon vom Krögel bis zum Mühlendamm in Linie mit dem Rücken an die Stadtvoigtei aufgestellt und vom Volke eingeklemmt, ich eilte daher selbst, um das 5. Bat., welches sich eben am Köllnischen Rathhause sammelte, zu holen. Mit dem was dort war, marschirte ich längs des Mühlendammes und wollte soeben gegen die Tumultanten vorgehen, als ich von vielen Personen gebeten wurde, nur so lange zu warten, bis einige Redner, welche zum Guten sprachen, ausgeredet hätten. An einem solchen Tage, wo sich so viel Zündstoff in der Stadt befand, war es gewiß richtig, alles in Ruhe zu beenden und deshalb auch abzuwarten, welchen Erfolg die Reden haben würden. Sie hatten offenbar einen sehr guten, denn ein großer Theil der Menge entfernte sich. Auch war durch diesen Aufenthalt nichts verloren, indem er dazu diente, die Scharfschützen und Veteranen und die Hälfte des 17. Bataillons vom Schloß heranzuziehen und damit die Ausgänge der Stralauer und Spandauerstraße abzusperren. Die Menge, welche nun noch auf dem Platze verblieben war und die Befreiung der Gefangenen mit Gewalt durchsetzen wollte, wurde von allen Seiten umfaßt und vom Platze weg, in die Poststraße und Bollengasse gedrängt. Dort wurde die Bürgerwehr mit Steinen geworfen und mußte mit Gewehr rechts und Trommelschlag vorbringen; an der Ecke der Königs- und Poststraße war eine Barrikade angefangen, die sogleich genommen und wobei ein Graf Breßler, als sehr thätiges Mitglied des Baues, verhaftet wurde. Kleine Ruhestörungen in verschiedenen Gegenden der Stadt wurden schnell unterdrückt und so die Ruhe des vielleicht am meisten zu fürchtenden Tages aufrecht erhalten. Man bemerkte an diesem Tage sehr viele von Schleswig-Holstein zurückgekehrte Freischärler in der Menge thätig beschäftigt.

Der 12. Oktober.

Den 12. Morgens $10^{1}/_{4}$ Uhr wurde folgende Requisition an das Bürgerwehr-Commando geschickt:

"Es ist mir mitgetheilt worden, daß heute ein Zug vom Köpnicker Felde her durch die Dresdnerstraße nach dem Gensdarmenmarkt beabsichtigt wird, bei welchem eine Puppe, den General v. Pfuel darstellend, herumgetragen werden soll. Der Zug wird wahrscheinlich um die Mittagszeit stattfinden. Die Schutzmannschaft ist zwar von mir angewiesen worden, die Demonstration nach Kräften zu verhindern, da letztere jedoch gegen einen starken Haufen von Arbeitern nicht ausreichend sein möchten, so ersuche ich ein Hochl. Commando der Bürgerwehr ergebenst, eine angemessene Abtheilung von Bürgerwehr in Bereitschaft zu halten, um auf weitere Requisition der Schutzmannschaft gegen den Unfug einzuschreiten. Es dürfte zweckmäßig sein, wenn eine Abtheilung Bürgerwehr schon bei der Dresdnerstraße aufgestellt würde, um den Zug gleich beim Beginn zu coupiren, und bitte ich, im Falle des Einverständnisses, mich von dem Orte der Aufstellung gefälligst schleunigst in Kenntniß setzen zu wollen, damit ich die Schutzmannschaft anweisen kann.

Berlin 12. Okt. Der Polizei-Präsident v. Barbeleben.

Dieser Requisition wurde sogleich Folge gegeben und dem 15. Bataillon, in dessen Revier die Dresdnerstraße liegt, der Befehl geschickt, die Reviere zunächst dem Canalbau durch Bestellung, die entfernteren Reviere durch Hornsignal zu sammeln, sodann das Bataillon im Exercierhause an der Schäfergasse aufzustellen und von dort aus durch einzelne unbewaffnete aber sichere Leute sich von den Vorgängen in der Dresdnerstraße Kenntniß zu verschaffen. Das Bataillon war noch nicht vollständig versammelt, als ich um 1 Uhr im Exercierhause eintraf, um für eventuelle Fälle Verhaltungsmaßregeln zu geben; und da alles ruhig blieb, begab ich mich nach dem Centralbureau zurück. Als ich nach eingegangener Meldung, die Arbeiter hätten eine Maschine zerstört, Nachmittags 5 Uhr zum zweiten Male im Exercierhause eintraf, fand ich einen Theil der Schutzmannschaft auf dem rechten Ufer des Kanals und dahinter das 15. Bataillon Bürgerwehr aufgestellt, vor beiden und hart am Kanal befand sich eine starke Gruppe Arbeiter, heftig schreiend und gestikulirend. Von Seiten der Schutzmannschaft wurde uns mitgetheilt, daß man habe eine Wasserpumpmaschine aufstellen wollen, um auch während der strengeren Jahreszeit fortarbeiten zu können, die Arbeiter jedoch, in der Meinung, dadurch in ihrem Broberwerb benachtheiligt zu werden, hätten sich der Aufstellung der Maschine widersetzt und als dies nichts geholfen, die Maschine zertrümmert und einzelne Theile in den Kanal geworfen. Als ich den Commandeur des 15. Bataillons fragte, weshalb er die Zerstörung der Maschine nicht verhindert, erwiderte er mir, daß er auf Requisition der Schutzmannschaft sein Bataillon sogleich habe vorrücken lassen, allein die Maschine sei bereits zerstört gewesen, und der Baumeister habe gebeten, Schutzmannschaft und Bürgerwehr zurückzuziehen, weil dann die Arbeiter wieder an die Arbeit gehen würden, und seitdem stehe das Bataillon auf diesem Flecke. Diese Aussage bestätigte mir der Hauptmann Patzke von der Schutzmannschaft. Da mir gegen 6 Uhr die Ruhe hergestellt schien, entließ ich das 15. Bataillon, bestellte jedoch zur Vorsorge das 23. Bataillon, welches bald am Exercierhause eintreffen mußte. Kaum war ich nach dem Centralbureau zurückgekehrt, als Herr Hauptmann Glaue die Meldung brachte, daß die Arbeiter nochmals zurückgekehrt seien und die hölzernen Theile der Maschine in Brand gesteckt hätten. Mit dem am Schlosse aufgestellten 7. Bataillon eilte ich sofort zur Arbeitsstelle zurück, wo das 23. Bataillon leider noch nicht eingetroffen war. Schon von weitem sah man die

Flammen, und da auch das 23. Bataillon mittlerweile eintraf, wurde sofort mit Gewehr rechts vorgegangen; die Menge entfloh sogleich, ein Theil stellte sich auf dem jenseitigen Ufer auf, ihr wurde das 7. Bataillon nachgeschickt, um sie zu zerstreuen und sodann das rechte Ufer zu besetzen, während das 23. Bataillon zu gleichem Zweck auf dem linken Ufer verblieb. Auf die Meldung, daß an der Dresdnerstraße sich größere Massen Arbeiter sammelten, gab ich der 27. und 28. Compagnie den Auftrag, jene Massen zu vertreiben. Die 28. Compagnie drang bis gegen das Cottbusser Thor vor, wurde aber hier mit großen Pflastersteinen beworfen, welche viele Wehrmänner verwundeten. Während der Zeit löschten die Leute des 23. Bataillons den Brand, ohne von den Schutzmännern dabei unterstützt zu werden, und konnte ich gegen 11 Uhr die Bürgerwehrbataillone entlassen. Geschossen ist an diesem Tage von der Bürgerwehr nicht, jedoch sollen an der Dresdnerstraße einzelne Schüsse von den Arbeitern gefallen sein, von denen ich aber nichts gehört habe.

Konflikt der Arbeiter mit der Bürgerwehr und Kampf auf dem Cöpnicker Felde.

Vom Commando der Schutzmannschaft erfolgte die Mittheilung, es werde sich wahrscheinlich bald ein Zug von Arbeitern in die Stadt ziehen, um dort neue Unruhen zu vollführen; deshalb wurde von dem im Exercierhause zusammengetretenen 18. Bataillon die 83. Compagnie vor dem Eingang der Dresdnerstraße postirt. Als der Commandeur des Bataillons, Müller, von dort nach dem Exercierhause zurückging, folgte ihm ein Zug Arbeiter mit Musik und rother Fahne; die Schutzmänner wurden dem Zuge entgegengeschickt, er näherte sich aber dennoch. Das Bataillon trat an die Gewehre und formirte sich. Der Zug rückte in's Exercierhaus, an seiner Spitze der mit rothen Bändern geschmückte Schachtmeister, welcher erklärte, die Arbeiter kämen, der Bürgerwehr ein Hoch zu bringen, was auch geschah. Der Major Müller dankte im Namen des Bataillons und forderte die Arbeiter auf, das Haus zu verlassen und an die Arbeit zu gehen. Ein großer Theil der Arbeiter, darunter der Fahnenträger und der Schachtmeister, zogen sich zurück, die anderen weigerten sich, es gutwillig zu thun, und wurden nun gewaltsam entfernt, wobei der Zugführer Schulz einem Arbeiter mit dem Säbel über die Schulter hieb, was einige Tage später zu neuen Unruhen Veranlassung gab. Als die Bürgerwehr heraus-

marschirte, erhielt sie einige Steinwürfe, welche jedoch noch kein
unmittelbares Einschreiten zur Folge hatten. Noch wurde vielmehr
gütlich verhandelt und einzelne Arbeiter hielten ihre Kameraden ab
und forderten sie zum Zurückgehen auf. Dennoch mußte zuletzt
Ernst gemacht werden, weil sich die Arbeiter mit Aexten und Grab=
scheiten zum Widerstand versahen; sie wurden mit Gewehr zur
Attaque Schritt vor Schritt bis über den Damm auf die Wiese
rechts vom Zaun am Exercierhause zurückgebrängt. Darauf erfolgten
abermals Unterhandlungen, die etwa $1\frac{1}{2}$ Stunde währten, aber
keinen Erfolg hatten; indessen war am linken Flügel der Haupt=
mann Hirschfeld mit Fußtritten und Grabscheitschlägen mißhandelt
worden. Das Bataillon wurde nun an der Ausmündung der
Schäfergasse, diesseits des Exercierhauses von neuem formirt, die
Compagnien 77, 78 und 79 in erster, 80 und 82 in zweiter Linie
und blieb $\frac{1}{2}$ Stunde in dieser Stellung, trotz aller Drohungen
und Schimpfworte der Arbeiter. Inzwischen war die Meldung dieser
Vorgänge nach dem Centralbureau gekommen; ich ließ sofort das
2. Bataillon an die Gewehre treten und marschirte mit demselben
nach der Schäfergasse, wo es hinter dem 18. Bataillon in Colonne
formirt wurde. Die Wehrmänner forderten Munition von mir
und ich mußte zu diesem Zweck einen Stabsoffizier zurücksenden,
der zugleich die Ordre erhielt, das 6. und das 14. Bataillon zu alar=
miren. Dem Major Müller übergab ich das Commando über
beide Bataillone, ließ die Arbeiter durch dreimaligen Trommelschlag
zum Zurückgehen auffordern, und als dies fruchtlos war, das Ge=
wehr zur Attaque nehmen. Auf dies Commando zogen sich die
Arbeiter an mehrere etwa 25 Schritt entfernte Steinhaufen von
großen Pflastersteinen zurück und es erfolgte ein solcher Steinregen
auf das Bataillon, daß sofort eine Menge Verwundeter hinfielen,
von denen einige anscheinend als todt weggetragen werden mußten.
Vergeblich erfolgte das Commando „Marsch" des Majors und das
Anschlagen der Trommel, vergeblich war mein und des Hauptmann
Hirschfeld's Vorspringen, die Colonne rückte nicht an, die Mitte
wich sogar zurück, als plötzlich ein Schuß fiel, wie Augenzeugen
behaupten, von Seiten der Arbeiter. Hierauf gaben ohne Com=
mando mehrere Schützen der Bürgerwehr Feuer; ich glaubte an=
fangs, weil dies Feuern von mehreren Seiten erfolgte und man
vorher über Mangel an Munition geklagt hatte, es seien nur
Platzpatronen, um die Arbeiter zu schrecken, die auch nach allen
Seiten hin flohen, aber der Augenschein belehrte mich bald, daß man

scharf geladen habe, denn 3 Todte und mehrere Verwundete lagen auf der Erde. Nun entstand ein betrübender Moment, die auf's Aeußerste gereizten Wehrmänner verfolgten in ihrer Wuth ohne Ordnung die Arbeiter bis nach Bethanien und beide Bataillone lösten sich dadurch dergestalt auf, daß trotz Trommelns und Blasens eine halbe Stunde verging, ehe sie wieder gesammelt werden konnten; ein Beweis des Mangels aller Disciplin und militairischer Ordnung. Es war dies aber dringend nöthig, denn die Schüsse hatten die ganze Gegend in Bewegung gebracht und überall sammelten sich Gruppen von Arbeitern und Volk, welches mit ihnen zu sympathisiren schien. Es wurde nöthig, schnell genügende Kräfte heranzuziehen, um die Bataillone zu unterstützen oder nöthigenfalls deren Rückzug zu decken. Ich bediente mich daher einer Droschke, in welcher der Polizei-Präsident soeben angekommen war, in dieselbe sprangen noch einige Wehrmänner und der Führer Schultz. Wir konnten aber nur bis zur Neanderstraße kommen, wo wir von einem Volkshaufen aufgehalten wurden, und ein kleines Gefecht entstand, doch gelang es uns durchzukommen und das Centralbureau zu erreichen. Hier gab ich den Befehl zum Generalmarsch, welcher durch schriftlichen, unterstempelten Befehl nach der Königswache und den 4 entlegensten Enden der Stadt geschickt wurde, und sich darauf gleichzeitig durch die ganze Stadt verbreitete. Das Centralbureau wurde ins königliche Schloß verlegt und hier die Meldungen der einzelnen Bataillone, wie solche auf den für den Generalmarsch angewiesenen Alarmplätzen eintrafen erwartet. Nachdem der Major Müller die gleich Anfangs nach der Dresdnerstraße detachirte Compagnie wieder an sich gezogen und das Ende der Schäfergasse zur Sicherung seines Rückzuges besetzt hatte, trat er diesen an, weil er ein Tirailleurfeuer von mehreren Seiten bekam. Vom Polizei-Präsidenten aufgefordert, nach der Cöpnickerstraße zu marschiren, weil dort Excesse begangen würden, leistete Major Müller sogleich Folge. Hier war inzwischen eine Barrikade errichtet, die genommen werden mußte, und da man bewaffneten Widerstand vor sich sah, beide Bataillone aber keine Munition bei sich hatten, und die geringe der Schützen verschossen war, so unterblieb der Angriff und beide Bataillone beeilten sich, nach dem Schlosse zu kommen, um dort Munition zu empfangen. Ich traf sie beim Ausgange der Breitenstraße nach dem Schloß, stark zusammengeschmolzen und in einem Zustande, daß augenblicklich kein neuer Angriff mit ihnen auszuführen war. Dieses kam daher: Bei dem Durchmarsch durch die Schäfergasse wurden die Bataillone von der Neanderstraße aus angegriffen, mit Steinen beworfen, ja nach Aussage einiger, von den Fenstern aus beschossen. Ein furchtbares Geschrei drang aus der Cöpnickerstraße herüber und es erfolgte nun ein Rückzug ohne Ordnung und Ruhe durch die schmale mit tiefen Rinnsteinen eingefaßte Schäfergasse, in welcher viele Leute verwundet niederfielen. Den Bemühungen des Hauptmanns Glaue gelang es endlich, eine Arrieregarde zu bilden und so dem Drängen von hinten Einhalt zu thun; er wurde bei dieser Gelegenheit durch einen Streifschuß verwundet. Auch der Rückzug aus der Cöpnickerstraße wurde von den Arbeitern bedrängt, so daß an der Roßstraßenbrücke von einzelnen Wehrmännern noch einmal Feuer gegeben wurde. Die beiden Bataillone wurden einstweilen nach ihren Revieren entlassen, um sich später wieder zu sammeln. Die Arbeiterhaufen vergrößerten sich durch Zuzüge ihrer Genossen vor den Thoren immer mehr. Man drang in die Häuser, holte sich Gewehre und Munition und erstürmte die dort gelegene Schutzmannswache. Die Schutzmannschaft zog sich, von den Arbeitern verfolgt, über die Jannowitzbrücke zurück, bei welcher Gelegenheit es ebenfalls zu Steinwürfen kam, ja es wurde sogar auf die Schutzleute geschossen. An der Ecke der Alexanderstraße und Stralauerbrücke ward, nachdem die Schutzmannschaft in die Flucht geschlagen, die zweite Barrikade gebaut. Vom Schlosse aus wurden nun die nöthigen Vorkehrungen für die Sicherheit desselben, wie für andere öffentliche Gebäude und die Ruhe der übrigen Stadttheile getroffen, während der eigentliche Einmarsch in die beunruhigten Stadttheile noch unterblieb, um erst die nöthige Anzahl von Streitkräften zur Hand zu haben, und sich überdies erwarten ließ, was der Erfolg auch bestätigte, daß die aufgeregte Volksmasse sich inzwischen abkühlen werde, da ein politischer Grund des Aufstandes nirgends ersichtlich. Gemischte Patrouillen der fliegenden Corps erboten sich gegen 4½ Uhr Nachmittags nach den bedrohten Gegenden zu marschieren, ein Anerbieten, auf welches ich einging, da die fliegenden Corps beim Volke sehr beliebt und von ihrem Erscheinen und gütlichem Zuspruch günstige Resultate zu erwarten waren. Es wurden vier solcher Patrouillen, jede etwa 70 Mann stark, abgeschickt und zwar:

Die 1. nach dem Alexanderplatz, die 2. nach der Jannowitzbrücke, die 3. nach der Drebnerstraße, die 4. nach der Cöpnickerstraße; jede aus Studenten, Künstlern, Kaufleuten und Handwerkern bestehend, mit dem Auftrage, dahin zu wirken, daß die

Barrikaden vom Volke wieder abgeräumt würden. Die 1. marschirte vom Alexanderplatz nach der Holzmarktstraße, man öffnete ihr unter schallendem Hurrah die Barrikade zum Durchmarsch, und die Menge ließ sich zum Wegräumen der Barrikade bewegen, unter der Bedingung, die Patrouille solle eine von den Arbeitern gewählte Deputation unter sicherem Geleit nach und vom Schlosse bringen, auf welche Forderung die Patrouille einging. Indeß, wahrscheinlich in Folge der Antwort, welche die Deputation auf dem Schlosse erhielt, kam es nicht zum Niederreißen der Barrikade. Später wurde sie vom 22. und 23. Bataillon fast ohne Widerstand genommen und mit Hilfe der Arbeiter aus der Zuckersiederei weggeräumt. Die 3. Patrouille, geführt von einem Zugführer der Studenten, stieß an der Ecke der Roß- und alten Jacobstraße auf eine starke und zahlreich vom Volke besetzte Barrikade, hinter welcher sich eine Menge Bewaffneter befanden. Auf der Barrikade flatterte die Fahne der rothen Republik, der man unzählige Vivats brachte; die ganze Scene beleuchtete grelles Fackellicht. Dem Zureden, die Barrikade wegzuräumen und die Feindseligkeiten einzustellen, wurde von der aufgeregten Volksmasse zwar nicht Folge gegeben, doch gestattete man der Patrouille den Durchmarsch durch eine Oeffnung derselben. Die 4. Patrouille, geführt von einem Hauptmann des Handwerkervereins, traf gleichfalls auf diese Barrikade, ward mit lautem Hurrah empfangen und von ihr verlangt, die gefallenen Arbeiter zu rächen. Der Führer versuchte die aufgeregten Gemüther zu besänftigen. Als er erfuhr, daß man an der Cöpniker- und Neanderstraßen-Ecke ebenfalls eine Barrikade gebaut habe, marschirte er dorthin, fand jedoch bei seiner Ankunft nur noch einige Trümmer derselben, da sie auf Zureden des Gymnasiallehrers Gerke vom Volke selbst vollständig weggeräumt worden war. Eine später gegen 6 Uhr Abends von der Universität ausgesandte Patrouille unter Führung des Dr. Schwarz meldete: Eine wilde Masse Arbeiter untermischt mit anständig, sogar fein gekleideten Herren triebe vor der Barrikade in der Roßstraße ihr Wesen. Der Führer der Patrouille redete zur Güte und suchte zum Abräumen derselben zu bewegen, doch blieben die Leute dabei, mit Gut und Blut die Barrikade gegen die mit dem Militair verbündete Bürgerwehr vertheidigen zu wollen. — Inzwischen waren die Bataillone in Folge des Generalmarsches folgendermaßen aufgestellt: Im Schloß das 1., 3. und 5. Bataillon, die berittene Bürgerwehr, National-Scharfschützen, die Veteranen und die fliegenden Corps; beim Rathhause das

12. Bataillon, in der Holzmarktstraße das 23. Bataillon. Das 4. Bataillon wurde nach der neuen Friedrichsstraße commandirt, wo das Volk die Schutzmannswache zerstörte. Vom 15. Bataillon konnte nur die 69. Compagnie alarmirt werden, das 6. und 14. Bataillon waren nach dem Schloßplatz beordert, das 2. und 18. Bataillon aus ihren Revieren noch nicht zurückgekehrt; die übrigen Bataillone standen auf den für den Generalmarsch bestimmten Sammelplätzen. — Arbeiterzüge trugen die Leichen der Gefallenen in der Stadt umher; um die Fortsetzung dieses Unfugs zu verhindern, wurden sie durch die geschlossenen Gitterthore in den Schloßhof eingelassen, die Leichen daselbst niedergelegt und die Arbeiter entfernt. Bald darauf stellten sich auch verschiedene Deputationen im Schlosse ein; bei einer derselben befand sich der bekannte Volksredner Karbe, welcher angab, daß das Volk sich nur dann beruhigen wolle, wenn der Zugführer Schulz sofort verhaftet und zur Rechenschaft gezogen würde. Da auf dergleichen Verhandlungen nicht eingegangen werden konnte, entfernten sich die Deputationen. Eine bedenkliche Meldung war jedoch die, daß das 15. Bataillon nicht alarmirt werden könne; den Tambours und Hornisten würden trotz der Bedeckung die Instrumente entrissen, man dränge in die Häuser und hole die Waffen der Bürgerwehr.

Da nun dieser Theil der Stadt nicht länger ohne den kräftigsten Schutz bleiben konnte, auch die Bemühungen der abgeschickten Patrouillen vergeblich gewesen waren, so bestimmte ich die 3 Bataillone, welche bisher ruhig auf dem Gensdarmenmarkt gestanden, um 6 Uhr Abends zum Angriff der Barrikade in der Roßstraße und zur Besetzung jenes Stadttheils, gestattete dem 14. Bataillon zum Schutze seines Reviers zurückzukehren und schickte das 4. Bataillon von der neuen Friedrichsstraße nach der Roßstraßenbrücke zur Absperrung derselben und um den Anbrang des Volkes von dieser Seite nach der Barrikade zu verhindern. Auf die Nachricht endlich, daß in der breiten Straße Züge mit Fackeln und rothen Fahnen herbeizögen, wurde das 20. Bataillon dahin geschickt, und rückte mit Gewehr rechts und Trommelschlag bis gegen die Roßstraße vor. Der Major Vogel ward beauftragt die 3. Bataillone vom Gensdarmenmarkt gegen die Barrikade zu führen und seinen Weg durch die Commandanten- und Jacobstraße zu nehmen. Das 10. Bataillon marschirte voran, ihm folgte das 13., sodann das 9., leider aber alle dicht aufeinander geschlossen, selbst ohne Bataillonsintervalle. In der Jacobstraße, ungefähr 200 Schritt vor der Barrikade ließ Major

Vogel Halt machen, die Bataillone in Zügen von der Breite des Straßendammes formiren und die Schützen rechts und links auf die freigebliebenen Bürgersteige herauszuziehen. Dann ließ er trommeln und forderte mit lauter Stimme im Namen des Gesetzes auf, die Barrikade zu räumen; als Antwort wurde von der Barrikade auf das Bataillon gefeuert, worauf Major Vogel laden ließ und mit Gewehr rechts vorrückte. Etwa 12 Schritt vor der Barrikade angekommen, sprangen mehrere Leute von derselben herab und mit Hüten und Tüchern winkend, eilten sie dem Mojor entgegen und baten, Bürgerblut zu schonen. Der Major erwiderte, er habe Befehl, die Barrikade zu nehmen, sobald sie nicht abgetragen würde. Dies geschah nicht und da er nun nochmals den Angriff mit dem Bajonett commandirte, wurde er durch einen Schuß von der Barrikade aus niedergestreckt. Als die Wehrmänner des ersten Zuges den Major fallen sahen, gaben sie Feuer, dies thaten auch mehrere der herausgezogenen Schützen und wurden dadurch der Träger der rothen Fahne und der, welcher auf den Major geschossen hatte, getödtet. Das Feuer wurde von den Vertheidigern der Barrikade mehrfach erwidert, auch aus den Fenstern geschossen, doch ist es ungewiß, ob dies nicht von den Schützen des Bataillons, welche sich beim Vorgehen theilweise in die Häuser begeben hatten, gegen die Barrikade geschah. Obwohl bisher die Bataillone ruhig im Feuer gestanden hatten und mehrere Salven vom 1. Zuge gegeben waren, so entstand durch dieses Feuern aus den Fenstern eine heillose Verwirrung; die Bürgerwehr glaubte es gegen sich gerichtet, stutzte und stürzte zurück, das 10. Bataillon auf das unmittelbar dahinter stehende 13. und dieses auf das 9., so daß trotz einigem Widerstande der Hintenstehenden die 3 Bataillone vollständig in einander geschoben und da alle Bemühungen der Führer, sie zum Stehen zu bringen und zu ordnen, vergeblich waren, so wogte beinahe die ganze Masse die Jacobstraße entlang zurück. Die Barrikade war inzwischen doch von den Friedrichsstädtischen Schützen und einigen entschlossenen Abtheilungen des 10. Bataillons genommen. Bei dieser Gelegenheit wurde der Hofvergolder Schneider durch einen Schuß in den Hals getödtet. Hauptmann Schweitzer vom 43. Bezirk räumte mit seinen Abtheilungen die Barrikade und säuberte die ganze Roßstraße bis zur Brücke. Nach der Flucht der 3 Bataillone wurde die Barrikade in der Roßstraße nochmals vom Volke wieder gebaut, besetzt und vertheidigt und das 8. Bataillon von der Roßstraßenbrücke aus dagegen geschickt. Auch dieses Bataillon kam hier zum Feuern, nahm die Barrikade, räumte sie weg, besetzte die Straßen und verhinderte dadurch den Wiederaufbau. Als am Nachmittag gegen 4 Uhr die Schutzmannschaft auf der Jannowitzbrücke zurückgeschlagen war, drängte das Volk durch die Alexanderstraße nach dem Alexanderplatz. Von hier aus zog es nach der Rosenthalerstraße, um die Wohnung des Zugführers Schultz zu demoliren. Dort hatten sich einige Compagnien des 18. Bataillons gesammelt und ich schickte sogleich noch das 19. dorthin, später folgte auch ein Theil des Handwerkervereins, weil die sich dort ansammelnde Masse bedeutend zunahm. Endlich wurde auf die Nachricht, man erblicke in der Gegend des neuen Marktes Züge mit rothen Fahnen und Fackeln, welche „es lebe die Republik" riefen, das 20. Bataillon von der Breitenstraße aus dorthin beordert. Es besetzte die nach dem Haakschen Markt führenden Straßen, wo es auch einen solchen Fackelzug auseinandersprengte. Im Königl. Schlosse sah es während dieser Zeit ziemlich bunt aus. Von der Schützengilde und den Veteranen waren die Gemächer des Erdgeschosses besetzt, auf dem Hofe befanden sich außer den aufgestellten Abtheilungen der Bürgerwehr noch die ganze Schutzmannschaft, welche von diesem Tage an mit Gewehren versehen war. Meldungen der bedrohlichsten Art gingen an die Behörden und den dort versammelten Sicherheitsausschuß ein, es hieß, die Republik werde ausgerufen, viele von dem bewaffneten Handwerkerverein und den Studenten seien zu den Barrikaden übergegangen, das zum Schutze des Schultz'schen Hauses beorderte 19. Bataillon sei aufgelöst und auch diese Gegend bedroht. Gegen 8 Uhr kam auch die Meldung, die 3 Bataillone in der Roßstraße seien durch Feuer aus den Fenstern decimirt, der Major Vogel erschossen, ein Bataillon habe sich neutral erklärt, die Unruhen würden immer bedeutender und die Kräfte der Bürgerwehr nicht ausreichend, dieselben zu unterdrücken u. s. w. Diesen Augenblick nahm der Sicherheitsausschuß wahr, mich aufzufordern, ihren Verhandlungen beizuwohnen. Die Herren schilderten in grellen Farben die Lage der Stadt, die Folgen, welche daraus entstehen könnten, wenn man nicht rechtzeitig Militair heranziehe, und forderte mich auf, zu erklären, ob ich mir getraue, nur mit der Bürgerwehr die Ruhe der Stadt herzustellen. Ich bejahte diese Frage, mußte jedoch eingestehen, daß ich die verlorenen Streitkräfte nur durch Entsendungen aus dem Schlosse ersetzen könne. Ihrem bringenden Ansuchen, dann zur Sicherheit des Schlosses 2 Bataillone Militair in den Höfen desselben aufzustellen, welche dort als Reserve für die höchste Noth verbleiben, aber keineswegs auf der Straße verwendet werden sollten, gab ich nach und begab mich nach den Höfen, um der dort befindlichen Bürgerwehr Mittheilung von dem Beschluß der gemischten Commission zu machen. Die Nachricht, es werde Militair ins Schloß rücken, hatte sich wie ein Lauffeuer verbreitet und die Bataillons stürmten auf mich ein, die Zurücknahme des Befehls zu erwirken, sie würden alle Barrikaden mit Sturm nehmen. Ich sprach ihnen meine Freude über ihre Entschlossenheit aus, versprach mein möglichstes zu thun und begab mich sogleich zu den Herren des Sicherheitsausschusses. Hier waren glücklicherweise beruhigende Nachrichten eingetroffen, so daß die Herren bereitwilligst auf mein Begehren eingingen; der Vorsteher der Stadtverordnetenversammlung eilte sogleich selbst zum Stadtcommandant und erwirkte die Rücknahme des Befehls. Es trafen nun auch nach und nach die zur Unterdrückung der Unruhen detachirt gewesenen Bataillone wieder ein und blieben hier stehen, bis sie auf die Meldung der Patrouillen, daß die Ruhe vollständig hergestellt, gegen 1 Uhr Nachts nach ihren Quartieren entlassen werden konnten.

Der 17. October.

Es ließ sich erwarten, daß die Arbeiter nicht gleich am anderen Tage die Arbeit beginnen würden, daher wurden das 1. Bataillon Schützengilde im Schauspielhause, das 9. Bataillon auf dem Hofe der Seehandlung consignirt. Auf die Nachricht, die sämmtlichen Arbeiter würden sich vereinigen, um eine Sturmpetition in einem großen Zuge mit Fahnen bei der Nationalversammlung vorzubringen, wurden noch das 6., 8. und 5. Bataillon nach dem Schlosse bestellt. Als um 12 Uhr die Annäherung eines bedeutenden Arbeiterzuges gemeldet wurde, beorderte ich die bereits im Schlosse versammelten 2 Compagnien des 5. Bataillons schleunigst nach dem Gensdarmenmarkt; sie trafen an der Ecke der Jägerstraße ein, als die Spitze des Arbeiterzuges die Mohrenstraße passirt hatte, und mußten im Trabe über den Platz gehen, um den Eingang für die Abgeordneten noch rechtzeitig zu besetzen. In diesem Augenblick lief auch das Volk, welches die Spitze des Zuges begleitet hatte, mit lautem Hurrah über den Platz dem Eingange zu. Ich begab mich zum 1. Bataillon an der Taubenstraße, welches die Anweisung hatte, vor dem Eintreffen der Arbeiter das Schauspielhaus zu besetzen, mit der Frage, weshalb dies nicht geschehen. Die Antwort lautete entschuldigend und es blieb daher nichts übrig, als abzuwarten, bis der lange Zug der Arbeiter vorüber war und dann das Bataillon nach dem Eingang rücken zu lassen. Hier wurde ich vielfach von den Arbeitern mit Fäusten und Worten bedroht, und während ich mich zu dem 9. Bataillon begab, von einer drohenden und tobenden Menge gefolgt. Beschäftigt mit der Aufstellung der Bataillone, sah ich nicht, welcher von den Abgeordneten mit der Deputation gesprochen hatte, die verlangte, daß ihnen die Arbeitslöhne für den gestrigen und heutigen Tag bezahlt werden sollen, bemerkte aber, daß die Arbeiter ruhig wieder abzogen; die Volksmenge verblieb noch auf dem Platz bis die Abgeordneten herauskamen, und entließ ich die Bürgerwehr theilweise nach dem Schlosse, theilweise in ihre Quartiere.

18.—20. October.

Obgleich auf alle Weise gesucht wurde, den durch den Kampf am 16. entstandenen Zwiespalt zwischen dem bewaffneten und unbewaffneten Volk auszugleichen, so wurden doch die Arbeiter durch die Clubs immer wieder aufgereizt. Die Bürgerwehr, sich ihrer eigenen numerischen Schwäche bewußt, durch kein Gesetz und Disciplin zu einer thatkräftigen Masse gebildet, in sich selbst durch Parteien gespalten, konnte auf die Dauer einen Kampf gegen die Arbeiter nicht durchführen. Ihre Reihen lichteten sich durch die zahlreichen Verwundungen und durch das Zurückhalten einzelner Wehrmänner von ihren besorgten Familien immer mehr, während die der Arbeiter sich vermehrten. Einige solche Kämpfe, wie der am 16. October, würden die Maschinenbauarbeiter, 6000 an der Zahl, die Handwerkervereine mit sämmtlichen Arbeitern, mit den Arbeitern an den Rehbergen u. s. w. in Verbindung gebracht haben. Die Erfahrung hatte gezeigt, daß die Bürgerwehr sich gegen die Hülfe des Militairs sträubte und ihren Kräften zuviel vertraute. Ein Mittel zur Aussöhnung mit den Arbeitern sollte das Begräbniß der am 16. Gefallenen sein. Ursprünglich wünschten die Arbeiter, die Gefallenen sollten mit dem Schützen Schneider zusammen begraben werden und machten große Ansprüche beim Magistrat. Es wurde vom Magistrat ein Comité ernannt und Bürgerwehrmänner aller Chargen hinzugezogen, dieses setzte dann die Leichenfeier für Schneider fest, wies jedoch die Arbeiter mit ihren exorbitanten Forderungen zurück; die Stadtverordneten bewilligten freies ordentliches Begräbniß nach den zugehörigen Kirchhöfen, aber keine Gesammtbeerdigung. Am Abend des 19. hatte ich die Majore nach dem Centralbüreau bestellt; hier wurde das 10. Bataillon zur Leichenparade befohlen und auch die Deputationen der anderen Bataillone festgestellt; die Reihenfolge entschied das Loos. Hier erschien Herr Assessor Wache, der sich sehr für das Begräbniß der Arbeiter bemühte, und erbat, die Anwesenheit sämmtlicher Majore benutzend, das bewaffnete Gefolge der Bürgerwehr, erhielt jedoch keine Zusage.

Am 20. 9 Uhr Morgens sollte das Begräbniß des Hofvergolder Schneider stattfinden, es wurde jedoch 10 Uhr, bevor die Aufstellung des ganzen Gefolges beendet war. Der Stadtcommandant, der Magistrat, die Stadtverordneten, ein Theil des Offiziercorps der Garnison, 2 Musikchöre, die Deputationen der Bataillone und Vereine folgten dem Sarge und der Zug bewegte sich nach dem Jerusalemer Kirchhofe. Als die Feierlichkeit gegen Mittag beendet war, erfuhr ich, man habe die 10 Särge der gefallenen Arbeiter auf die mit Kränzen und Blumen verzierte Freitreppe des Opernhauses gestellt; die Arbeiter wurden mit dem größten Gepränge begraben, so daß die Leichenfeierlichkeit des Vormittags gegen die Pracht dieses Begräbnisses verschwand. Am bedauerlichsten war, daß die Bürgerwehr, in bedeutend stärkeren Deputationen als Vormittag dem Sarge ihres Kameraden, jetzt den Särgen der Aufrührer folgte, daß diese Deputationen mit ihren Gewehren erschienen und auch die Musikchöre mitbrachten. Der Entschluß, bei der nächsten passenden Gelegenheit meine Stelle niederzulegen, wurde an diesem Tage unwiderruflich gefaßt, ich wünschte, ihn sogleich ausführen zu können, mir wurde aber entgegnet, daß es unter den jetzigen Wirren unmöglich sei, daß ich abwarten müsse, bis durch Ernennung eines volksthümlichen Ministeriums die Ruhe hergestellt, das Vertrauen wiedergekehrt sei. Selbst die Hoffnung, daß jetzt ein gutes Einvernehmen zwischen dem Volke und der Bürgerschaft hergestellt sei, war trügerisch, die fortgesetzten Unruhen bewiesen es, und fast schien es, als wolle man Bürgerwehr und Arbeiter gewaltsam zusammenhetzen, um Gelegenheit zu haben, die Hülfe des Militairs in Anspruch nehmen zu können, das dann ganz in die Stadt rücken konnte.

Der 31. Oktober.

Den 31. Oktober Abends nach 9 Uhr wurde mir die Anzeige gemacht, daß in Folge der Wiener Ereignisse eine Sturmpetition des demokratischen Bürgerwehrvereins an die National-Versammlung gerichtet werden solle. Sofort schickte ich eine Anzeige an das Polizei-Präsidium und bestellte 2 Bataillone Bürgerwehr, von denen das 13. für den nächsten Morgen nach dem Palais, das andere nach dem Schlosse beordert wurde. Zur Besetzung des Schauspielhauses und unmittelbaren Schutz der Nationalversammlung waren schon 50 Mann von der Schützengilde commandirt. Da diese Zahl mir zu schwach schien, so bestellte ich noch 150 Mann vom 3. Bataillon und übergab das Commando der ganzen Besatzung dem Major Pahl von der Gilde, instruirte ihn über die Besetzung der verschiedenen Eingänge, unterrichtete ihn von der beabsichtigten Sturmpetition und daß auch selbst einer Deputation derselben der Eintritt in's Haus verweigert werden müsse, jedoch vor der Thür so lange stehen bleiben könne, bis einer der Abgeordneten zufällig herbeikäme und geneigt wäre sie zu hören. Außerdem forderte ich ihn auf, mich von der Annäherung der Petenten sofort zu benachrichtigen. Dies geschah bald nach 1 Uhr, ich eilte nach dem Schauspielhause, wo Abgeordnete auf der Freitreppe zu der auf und unterhalb derselben stehenden Menge sprachen. Späterhin nahmen andere Redner ihre Stelle ein, während um 2 Uhr die Abgeordneten das Haus verließen, da schon um 5 Uhr die Sitzung wieder beginnen sollte. Die Reden dauerten bis gegen 3 Uhr, worauf ein kleiner Theil der Menge sich entfernte, der größere jedoch auf dem Platze blieb, um die Abendsitzung und den Erfolg der Abstimmungen über die verschiedenen, aus der Petition erfolgten Anträge abzuwarten. Dies bewog mich das Schauspielhaus noch ferner besetzt zu halten und für den Abend noch den Rest des 3. Bataillons und das 12. zu bestellen; es erschien letzteres ca. 150 Mann stark. Ferner sandte ich das 11., 19. und 23. Bataillon nach dem Schloß und Palais zur Ablösung der im Dienst gewesenen Bataillone. Kurz nach 5 Uhr fing es an zu regnen und die Menge zerstreute sich theilweise, nur einzelne Gruppen verblieben auf der Freitreppe und der Vorhalle des deutschen Thurmes. Gegen 7 Uhr begab ich mich wieder nach dem Schauspielhause, der Regen hatte aufgehört und die Volksmenge ganz bedeutend zugenommen. Auf dem Perron der deutschen Kirche wurden Reden gehalten. Die Zahl von 3 Bataillonen, von welchen 2 sehr wenig zahlreich erschienen waren, erschien mir zu gering, um die sehr exaltirte und stets anwachsende Volksmenge ohne Anwendung von Waffen auseinander zu bringen, weshalb ich noch das nahe gelegene 7. Bataillon alarmiren ließ. Dergleichen Befehle wurden immer auf gestempelte, zu diesem Behuf in Bereitschaft gehaltene Karten geschrieben, was mich nöthigte, einen beleuchteten Raum zum Schreiben dieser Befehle aufzusuchen und deshalb in's Schauspielhaus zu gehen. Einmal in demselben, hielt ich es für meine Pflicht schleunigst die Besetzung desselben zu controlliren. Während dieser Besichtigung fand ich die letzten Eingänge bereits vom Volke besetzt und es gelang mir und mehreren Herren des Stabes nicht mehr unerkannt hinauszukommen. Dagegen gelang es noch 2 Herren mit gleichlautenden Ordres an die 3 bereits consignirten Bataillone „sofort nach dem Gensdarmenmarkt zu marschiren und die Charlottenstraße zu räumen" — durch 2 verschiedene Eingänge fortzusenden. Beide Herren gelangten glücklich zu den Bataillonen, die sofort aufbrachen, unter Trommelschlag die Jägerstraße und Charlottenstraße räumten, und so 3 Eingänge des Schauspielhauses freilegten. Dagegen befanden sich auf der Freitreppe nach dem deutschen Thurm, wie auch vor dem Eingange der Abgeordneten in der Taubenstraße eine dicht gedrängte Schaar von Menschen, unter denen eine Zahl von Fackelträgern hauptsächlich das Volk zu Exzessen aufreizte. Das 19. Bataillon war beim 11. vorbeigegangen und hatte einen Theil desselben beim Herumschwenken um die Ecke des Schauspielhauses in der Taubenstraße mitgenommen. Hier stand es indeß im Volke eingeklemmt, mit der Front bis gegen den Eingang der Abgeordneten, dahinter ein Theil des 11. Bataillons in der Charlottenstraße und das 23. Bataillon vor dem Eingange zu den Zuhörertribünen; eine Compagnie jedoch in der Taubenstraße. Das 19. Bataillon in Front und in der rechten Flanke vom Volk hart gedrängt, mußte begagirt und der Eingang zu den Abgeordneten von der vorstehenden Volksmasse geräumt werden. Zu diesem Zwecke sollte sich das ganze 23. Bataillon in der Taubenstraße in Colonne formiren, mit „halb rechts" sich neben das 19. Bataillon setzen, und dann mit diesem vereinigt den Platz vor dem Eingange säubern. Der Major des Bataillons hatte den besten Willen die erhaltenen Befehle auszuführen, ist aber nur bis über die Ecke der Taubenstraße und des Gensdarmenmarktes gekommen, um in Gemeinschaft mit dem 11. Bataillon den Keil des Volkes zurückzutreiben, welcher von der Mohrenstraße aus vordrängte. Die alarmirten Bataillone mußten bald eintreffen, bis dahin aber war es nöthig, die beiden Eingänge in der Charlottenstraße zur freien Passage für die Abgeordneten und Zuschauer zu halten und zu diesem Zwecke wurden die vorhandenen Kräfte benutzt, die Charlottenstraße auf beiden Seiten des Schauspielhauses nach der Tauben- und Jägerstraße mit Bataillonscolonnen abzusperren und hier bis zum Eintreffen der Verstärkung Stand zu halten. Da die Volksmenge eher zu als abnahm, und man nicht wissen konnte, wie stark die Bürgerwehr bei dem vorgerückten Abend und dem schlechten Wetter kommen würde, hielt ich es für nöthig noch die Bataillone 4, 14 und 18 zu bestellen. Das erste eintreffende Bataillon war das 7., es reinigte zuerst die Freitreppe des Hauses und marschirte dann nach der Taubenstraße, um von hier aus gegen den Eingang der Abgeordneten vorzubringen. Um 10 Uhr erschien ganz unvermuthet der Maschinenbauarbeiter=Verein, der vor kurzem ein Plakat veröffentlicht, daß er überall als Friedens= vermittler auftreten wolle, und auch hier in dieser Absicht ankam. Der Verein gehörte nicht zur Bürgerwehr, sondern nur die be= waffneten Maschinenbauarbeiter=Compagnien, die etwa 500 Mann stark und zugleich Mitglieder des Vereins waren, von dem sie höchstens den 16. Theil ausmachten. Sie kamen die Charlotten= straße entlang, voran eine weiße Fahne, in langem regelmäßigen Zuge, dessen hinteres Ende sich jedoch in einen Knäul wickelte und mit den Zuschauern vermischte, als es die Taubenstraße erreichte. In diesem Augenblick schoß ein Herr mit goldner Brille, auf dem Perron des deutschen Thurmes stehend, ein Pistol ab. Der Zweck ward erreicht, alles glaubte die Bürgerwehr habe geschossen, man schrie nach Waffen und lief nach dem Waffenladen an der Ecke der Jäger= und Oberwallstraße, die Plünderung desselben wurde jedoch noch rechtzeitig von der hinzukommenden Bürgerwehr ver= hindert. Der Maschinenbauarbeiter=Verein ging um das 7. Ba= taillon herum nach dem Eingange zu vor, hatte aber noch eine dichte Volksmasse zur rechten Seite, die durch das gewaltsame Wegschieben der vor dem Eingang stehenden Menge, sowie durch den Gegendruck von hinten vergrößert und compacter gemacht wurde, sich aber sichtbar von den vordringenden Maschinenbau= arbeitern schied. Diese Masse mußte fortgebracht werden. Ich verließ deshalb das 7. Bataillon, ging durch die Charlottenstraße zum 8. Bataillon, gab ihm den Auftrag von der Freitreppe aus die oben erwähnte Volksmasse zu vertreiben und dadurch den Platz vor dem Eingange zu säubern. Außerdem wurden zwei Compagnien des 23. Bataillons unter Major Deutschmann be= stimmt dem 8. Bataillon zu folgen und sich im Vorgehen etwas links zu ziehen, um das 8. Bataillon zu unterstützen und dessen linke Flanke, welche nach dem Schwenken in die Taubenstraße am meisten preisgegeben war, zu schützen. Das 10. Bataillon deckte durch seine Aufstellung auf dem Platze von der Freitreppe bis zur

Markgrafenſtraße die ganze Bewegung. Hier kam es leider zu einem Conflict mit den Maſchinenbauarbeitern, von denen der Fahnenträger verwundet und ein Mann getödtet wurde. Vergebens bemühte ich mich mit Hilfe des Majors v. Herford und des Vicepräſidenten des Vereins, hier ſoviel als möglich zu beruhigen; die Maſchinenbauarbeiter ſtürzten ſich mit ihrer Maſſe auf die vorgedrungene Bürgerwehr, entriſſen mehreren Wehrmännern die Gewehre und drängten die Bataillone bis nach der Freitreppe zurück. Kurz vorher hatten die Abgeordneten vollſtändig das Schauſpielhaus verlaſſen. In dem Augenblick des Conflictes kam das 6. Bataillon von der Mohrenſtraße her, wollte den bedrängten Kameraden des 8. Bataillons zu Hilfe eilen, fand aber das 7. vor ſich und ſtellte ſich in der Charlottenſtraße mit dem Rücken nach dem Schauſpielhauſe auf.

Die Maſchinenbauer hatten ſich wieder geſammelt und marſchirten in der Ordnung, in der ſie gekommen, ab, einzelne mit der Drohung, bewaffnet zurückzukehren, um Rache an der Bürgerwehr zu nehmen. Mit ihnen entfernte ſich auch ein großer Theil des Volkes, ſo daß ich gegen 11 $\frac{1}{2}$ Uhr die am längſten in Thätigkeit geweſenen Bataillone entlaſſen konnte. Das 6. Bataillon bekam den Auftrag das 3. und 12. im Schauſpielhauſe abzulöſen, die Arreſtanten zu übernehmen und ſo lange daſelbſt zu verbleiben, bis die Volksmaſſe ſich vollſtändig verlaufen habe. Noch waren das 4. und 14. Bataillon eingetroffen und in der Jägerſtraße aufgeſtellt. Der Hauptmann Duncker des Stabes blieb beim Schauſpielhauſe, ich ſelbſt begab mich nach dem Centralbureau zurück, und in Erwägung, daß die verhafteten Perſonen, falls keine beſondern Gründe vorlägen, doch am Morgen entlaſſen werden müßten, ſchrieb ich dem Commandeur des 6. Bataillons, er möge die Arreſtanten nach Feſtſtellung ihrer Identität entlaſſen. Kaum war dieſer Befehl abgeſchickt, als Herr Duncker mit den Worten in's Zimmer trat: „Nur ſchnell ein paar Bataillone nach dem Schauſpielhauſe, das Volk will die Gefangenen befreien!" Sogleich wurden die dem Platze zunächſt aufgeſtellten 9., 18. und 10. Bataillone zur Unterſtützung beordert und dem Major Müller das Commando der 3 Bataillone übergeben. Nachdem das 6. Bataillon das Schauſpielhaus ſeiner Ordre gemäß beſetzt hatte, hatten ſich die Gruppen wieder angeſammelt und verſuchten die Gefangenen zu befreien, es gelang ihnen beim Eingang zu den Tribünen etwa 5 Schritt weit in das Haus zu bringen. Hier wurden sie von der Bürgerwehr aufgehalten, konnten aber nicht zurückgedrängt werden, weil Tausende vor dem Hause zu schwer gegenbrängten. Es mußte daher die Menge vor dem Hause weggeschafft werden, dies geschah durch die herbeigeholten Bataillone, und nachdem die Gefangenen entlassen, entfernte sich auch die Menge. Während des letzten Vorganges war ich abgehalten worden, persönlich beim Schauspielhause zu erscheinen, da ich durch eine Deputation des Maschinenbauarbeiter-Vereins, unter Führung ihres Präsidenten aufgefordert worden war, persönlich nach dem Vereinslokal zu kommen und zu erklären, wie der heftige Angriff auf den Verein möglich gewesen. Der Präsident sagte mir, im Falle ich nicht erschiene, könne er nicht dafür einstehen, daß der Verein bewaffnet nach der Stadt kommen und dann großes Unheil herbeigeführt würde. Da dies ernstere Scenen befürchten ließ, begab ich mich sofort mit dem Major v. Herford nach dem Vereinslokal. Ich fand die Maschinenbauarbeiter dort allerdings sehr aufgeregt und theilweise bewaffnet, auch gelang es mir nicht sie zu beruhigen, doch wurden sie wenigstens durch mein williges Erscheinen von dem bewaffneten Einzug in die Stadt abgehalten.

Die Begebenheiten dieses Tages sind wegen der unmittelbaren Folgen größtentheils übertrieben dargestellt worden, die Hauptursachen derselben sind in dem Beschluß der Nationalversammlung vom 15. Juni zu suchen, wodurch sie die unmittelbare Bewachung des Sitzungslokales durch Bürgerwehr zurückwies. Die Letztere leistete zwar gern diesen Dienst; obwohl sie in ihren Maßregeln durch jenen Beschluß gelähmt wurde, besetzte sie doch das Schauspielhaus an allen Sitzungstagen, was während des Monats October allein 3000 Mann erforderte. Was half das aber auf einem Platz wie der Gensdarmenmarkt und einem Gebäude wie das Schauspielhaus? Noch dazu zu einer Zeit, wo zwar eine Habeas corpus Acte aber kein Tumultgesetz existirte, in welcher durch aufreizende Eckenanschläge alle Leidenschaften erregt wurden, große Volksversammlungen gehalten und die Clubs so organisirt waren, daß sie leicht zu einer bestimmten Stunde auf einem so großen Platz wie der Gensdarmenmarkt 30000 Menschen zusammenbringen konnten, mit noch ganz anderen Dingen in den Händen, als Fackeln, Stricke und rothe Fahnen. Nun ist allgemein behauptet worden, die Leute, welche am 31. das Schauspielhaus umstellten, hätten die Absicht gehabt, die Minister gefangen zu nehmen, die Mitglieder der Rechten aufzuhängen und das Schauspielhaus in Brand zu stecken.

Von alledem ist nichts zur Ausführung gekommen, auch hat nicht etwa der Zufall die bedrohten Personen geschützt, sie haben vielmehr unter dem Schutze der Bürgerwehr das Haus verlassen, wenn auch nicht durch den für sie bestimmten Eingang und mit der den Vertretern des Volkes gebührenden Rücksicht. Endlich hat das Gerücht von dem Vernageln der Thüren viel Sensation gemacht; das Wahre an der Sache ist, daß vor Ankunft der Bürgerwehr in die Schlüssellöcher der Thüren, welche nach den Versenkungen führen, und hinter welchen kein Posten der Schauspielhaus-Besatzung stand, Besenreiser und kleine Keile gesteckt waren. Nur in die Spalte einer Thür, die zum Portier führte, war ein Keil getrieben, und erforderte das Oeffnen dieser Thür wohl 5 Minuten Zeit. Von Seiten des Commandos sind an diesem Tage wohl zwei Fehler gemacht worden, der eine, daß auf die Requisition des Polizei-Präsidiums nicht gleich eine größere Zahl Bürgerwehr bestellt wurde, der zweite war das Hineingehen des ganzen Commandos ins Schauspielhaus; obwohl dieser Fehler die Ankunft der Bürgerwehr nur etwa um $^1/_2$ Stunde verzögerte, so hatte der tolle Haufe, größtentheils aus Herumtreibern und bestraften Verbrechern bestehend, Gelegenheit genug, seine Streiche auszuüben.

Die Maschinenbauarbeiter hatten im Laufe des Vormittags des 1. Novembers die Arbeit in sämmtlichen Fabriken eingestellt und eine Deputation an das Polizei-Präsidium entsendet, um für die ihnen angeblich widerfahrene Unbill Genugthuung zu erhalten. Es wurde ihnen hier erwidert, daß dem Vorfall allerdings ein beklagenswerthes Mißverständniß zu Grunde liege, daß sie sich dieses aber doch, wenn man auch ihren guten Willen nicht verkenne, selbst zuzuschreiben hätten; es könne daher den Forderungen der Deputation in keiner Weise stattgegeben werden. Die Deputation war hiermit sehr unzufrieden und der Maschinenbau-Arbeiter-Verein beschloß am Nachmittag bewaffnet zusammenzutreten, um weitere Maßregeln zu ergreifen. Es wurde deshalb das 20. Bataillon von 4 Uhr an im Schlosse consignirt.

Wegen der Vorfälle am 31. hatte das Commando an die Nationalversammlung geschrieben und um Genehmigung gebeten, eine Ehrenwache in das Schauspielhaus zu stellen, auch die Aufrechterhaltung der Ordnung vor demselben und die Absperrung des Platzes, dem Commando zu überlassen. Dieses Schreiben ward am 2. in der Vormittagssitzung der Versammlung vorgelesen und der Präsident ermächtigt, durch Requisition des Commandos der

Bürgerwehr für die Sicherheit der Versammlung zu sorgen. In Folge dieses Beschlusses wurden vom 2. ab bei jeder Sitzung das Schauspielhaus mit Bürgerwehr umstellt, die gleich am ersten Tage bis Nachts 1 Uhr stehen mußten. Der Grund dieses langen Stehens war Folgender: Vom Ministerpräsident von Pfuel war Vormittags ein Schreiben an den Präsidenten der Nationalversammlung eingegangen, worin derselbe die Anzeige machte, daß er aus Gesundheitsrücksichten seine Entlassung als Ministerpräsident und Kriegsminister genommen habe. Gleichzeitig war auch vom Grafen v. Brandenburg ein Schreiben eingegangen, worin er dem Präsidenten anzeigte, daß er mit der Bildung eines neuen Ministeriums beauftragt sei, und deshalb ersuche, die Sitzungen der Versammlung auf einige Tage auszusetzen; diese Mittheilung wurde am Nachmittage durch Einsendung der vom Minister Eichmann contrasignirten königl. Cabinetsordre vervollständigt. Man schritt darauf zur Erwählung einer Commission, um wegen Ernennung des Grafen Brandenburg eine Adresse an den König abzufassen. Bis zur Vollendung derselben wurde die Sitzung suspendirt, um 4 3/4 Uhr wieder eröffnet, die Adresse angenommen, eine Deputation ernannt, um sie dem Könige nach Potsdam zu überbringen, und die Sitzung bis 9 Uhr verlegt, bis zu welcher Zeit eine Antwort aus Potsdam eingegangen sein konnte. Auf diese Weise schleppte sich die Sitzung bis tief in die Nacht hinein, wobei ich nur noch eines Umstandes erwähnen will. Bei einigen Abstimmungen hatten die Mitglieder der Rechten den Saal verlassen und darüber war in der Restauration Klage geführt worden; dies hatte einen Zugführer des 22. Bataillons bewogen, die im Hause befindlichen Bürgerwehrposten bis gegen die Thüre des Sitzungssaales vorzuschieben und sie dahin zu instruiren, kein Mitglied der Rechten vor beendeter Sitzung mehr herauszulassen; zum Glück kam ich hinzu um diese, sowie fernere Eigenmächtigkeiten Einzelner rechtzeitig zu verhindern.

Am Morgen desselben Tages erschien folgende Bekanntmachung: „Die Vorgänge des gestrigen Tages während der beiden Sitzungen der Nationalversammlung legen der Regierung die unabweisbare Pflicht auf, zur Aufrechthaltung der gesetzlichen Ordnung und zur Verhütung und Unterdrückung ähnlicher Exeße, alle ihr zu Gebote stehenden Mittel in Anwendung zu bringen. Es sind demgemäß die betreffenden Behörden angewiesen worden, in allen derartigen Fällen, sobald die zunächst zur Aufrechthaltung der gesetzlichen Ordnung berufene Bürgerwehr, dieser ihrer Aufgabe nicht

rechtzeitig und vollständig genügt, sofort die bewaffnete Macht zu requiriren und nach § 78 des Bürgerwehrgesetzes vom 17. v. M. in Thätigkeit treten zu lassen. Es wird dies hierdurch zur öffentlichen Kenntniß gebracht.
Berlin 1. Novbr. 48.
Der Minister des Innern. Eichmann."

Hierdurch sowie durch die plötzlich verwirklichte Ministerkrise, wurde Unruhe in der Stadt erregt. Es verbreitete sich das Gerücht, daß vor den Thoren die Truppen zum Einrücken bereit ständen; schon um Mittag erschienen einige Herren im Centralbureau um anzufragen, ob die Bürgerwehr durch Generalmarsch werde zusammenberufen und die Thore besetzt werden. Dergleichen Fragesteller wurden wie gewöhnlich abgefertigt, doch consignirte ich noch das 21. und 14. Bataillon im königlichen Schloß. Gegen Abend fanden im Arbeitshause am Alexanderplatz Unruhen statt, die im Innern leicht vom Militair unterdrückt wurden. Bei dieser Gelegenheit suchten Gefangene gewaltsam zu entkommen und riefen um Beistand aus den Fenstern, was natürlich viel Menschen herbeilockte, die erst durch einige Compagnien vertrieben werden mußten. Auch am 3. Nov. wurde Vor- und Nachmittags das Schauspielhaus mit Bürgerwehr umstellt. Am Morgen hatte das Begräbniß des am 31. getödteten Maschinenbauers Köppen stattgefunden. Ein Anschlag „an das waffenfähige Volk von Berlin" lud am 5. zu einer Versammlung vor dem Prenzlauer Thor ein, um eine mobile Freischar zu bilden, die in Fällen der bedrohten Volksfreiheit sorge, daß die rechte Zeit zur Hilfsleistung nicht wie dies in Wien der Fall gewesen, nutzlos und unthätig verstreiche! Unterzeichnet war der Aufruf von Braß und Hausen, dem demokratischen Landwehr- und Bürgerwehr-Verein. Von Seiten der Polizei schien nichts unternommen worden zu sein, diesem ganz gesetzlosen Treiben entgegenzutreten, wenigstens war keine besondere Requisition an das Commando der Bürgerwehr ergangen. Obwohl die Stadt an diesem und den folgenden Tagen ruhig blieb und Abends nach 10 Uhr sogar wie ausgestorben erschien, wurden dennoch täglich mehrere Bataillone consignirt. Die Soldaten, welche man sonst viel auf den Straßen herumziehen sah, sollen zu gewissen Zeiten, als z. B. am 7. Novbr. Vormittags in den Kasernen zurückgehalten worden sein, auch sprach man von getroffenen Vorbereitungen für die Garnison im Kriegsministerium, Zeughause, den verschiedenen Casernen, welche zu diesem Zweck auf mehrere Tage verproviantirt sein sollten.

Die letzten Tage bis zur Auflösung der Bürgerwehr.

Am 9. November wurde das am 8. ernannte neue Ministerium in der Nationalversammlung erwartet, wie man sagte, um die Botschaft mitzutheilen, daß die Versammlung nach Brandenburg werde verlegt werden. Die Nachricht war ganz allgemein im Publikum bekannt, auch ging die Rede, das Volk habe die Absicht sich des Ministeriums und eines Theils der Rechten beim Herausgehen aus dem Ständehause zu bemächtigen. Das Schauspielhaus selbst war von Morgens 9 Uhr mit 100 Mann vom 18. Bataillon besetzt, um dasselbe standen das 3., 5., 7. u. 10. Bataillon, Nachmittags das 11., 13., 14., 15. und 17. Bataillon. Außerdem befanden sich im Schloß am Tage das 2., 6. und 22. Bataillon, Abends die fliegenden Corps; im Palais in der Oberwallstraße das 9. und ein Theil des 10. Bataillons. Nachmittags besetzte die Schützengilde das Schauspielhaus und verblieb in demselben die Nacht hindurch bis zum Abend des 10. November. Nachdem der Präsident der Versammlung die königl. Botschaft vorgelesen, kraft welcher sie nach Brandenburg verlegt sei, theilte der Ministerpräsident derselben mit, daß die ferneren Berathungen sofort zu schließen seien. Wenn dieselben dessenungeachtet fortgesetzt würden, so erkläre er sie für ungesetzliche und protestire Namens der Krone feierlichst dagegen. Darauf verließen sämmtliche Minister den Saal; ein Theil der Rechten folgte ihnen. Es wurde ferner in der Versammlung ein von dem Ministerium des Innern an den büreauvorstehenden Canzleirath gerichtetes Rescript verlesen, in welchem dieser Beamte die Anweisung erhielt, gleich nach Bekanntmachung der Königlichen Botschaft wegen Vertagung und Verlegung der Versammlung, mit dem untergebenen Personal aus den innegehabten Stellen zu treten oder die gesetzlichen Folgen des Ungehorsams zu gewärtigen. Ebenso war von Seiten des Hofmarschallamts an den Vorsteher des stenographischen Bureaus ein Befehl ergangen, sofort nach dem ordnungsmäßigen Schluß der Versammlung seine Stelle zu verlassen. Nachmittags 4 Uhr bekam ich die Aufforderung, zum Minister des Innern, der sich im Kriegs-Ministerium befinde, zu kommen; ich begab mich mit 2 Herren des Stabes dahin. Nachdem wir eine kurze Zeit im Vorzimmer gewartet hatten, erschien der Minister v. Manteuffel und forderte mich auf, in das anstoßende Gemach zu folgen. Ich bat ihn, die Herren des Stabes mitnehmen zu dürfen, ein Gebrauch, der bisher immer beobachtet war, um Zeugen meiner Aussagen, sowie auch desjenigen, wozu ich aufgefordert wurde, zu haben. Der Minister lehnte es jedoch mit dem Bemerken ab, man wünsche mich nur allein zu sprechen. Im anstoßenden Gemach fand ich den Ministerpräsident Graf v. Brandenburg, die Minister v. Strotha und v. Ladenberg und einen mir nur von Ansehen bekannten Herrn. Nach einigen vorläufigen Fragen kam man auf die Nationalversammlung zu sprechen, von dem Willen derselben, dem Befehle der Krone zuwider, hier in Berlin fortzutagen, und richtete die Frage an mich: „ob ich im Stande sei, mit den Kräften der Bürgerwehr diesen ungesetzlichen Schritten und Maßregeln der Nationalversammlung entgegenzutreten und die Anordnungen der Regierung in dieser Beziehung auszuführen?"

Der Minister v. Strotha führte außerdem an, es sei dies ein vollständig loyales Verfahren, in jedem constitutionellen Staate habe die Krone das Recht die Kammern zu vertagen, und hier um so mehr, als die Vorgänge dargethan hätten, daß die Versammlung nicht frei und ungestört berathen könne. Hierauf erwiderte ich, die Bürgerwehr habe die Verpflichtung, die verfassungsmäßige Freiheit aufrecht zu erhalten, und daß ich nicht glaube, sie würde sich dazu verstehen, der Nationalversammlung entgegen zu treten. Minister v. Manteuffel ergriff nun das Wort: „Sie haben ja auch den Requisitionen des Polizei-Präsidiums keine Folge leisten wollen und haben deshalb protestirt." — (Ich:) Es ist dies nicht ganz genau der Hergang jener Angelegenheit. Der Polizei-Präsident hat hinlänglich Organe, um im Voraus von allen Begebenheiten unterrichtet zu werden, er ist daher im Stande, die Bürgerwehr rechtzeitig zu benachrichtigen, auch ist diese Praxis von jeher befolgt und ich habe den Requisitionen desselben nicht nur willfährig Folge geleistet, sondern bin ihnen in vielen Fällen, wo sie erst spät eintrafen, zuvorgekommen. Da jedoch der Polizeipräsident in einigen besonderen Schreiben das Verhalten der Bürgerwehr seiner Beurtheilung unterworfen habe, so hätte ich mich gezwungen gesehen, gegen dieses Verfahren zu protestiren, da es sonst den Anschein gewönne, als solle die Bürgerwehr den Befehlen des Polizei-Präsidenten unterstellt werden. — Die Minister kamen nun auf die Beamten in den Bureaus der Nationalversammlung zu sprechen, welche nach einer Bestimmung des Präsidenten sich nicht aus den Bureaus entfernen dürften. Sie erklärten:

„Daß die bestehenden Freiheiten und Gesetze der Nation in keiner Art angegriffen oder verletzt werden sollten. Die Beamten der Nationalversammlung würden aber widerrechtlich festgehalten und gegen diesen ungesetzlichen Schritt könne die Bürgerwehr ihre Hülfe nicht versagen."

Ich erwiderte hierauf: daß ich mit Bestimmtheit wisse, die Beamten würden nicht in den Bureaus festgehalten, sondern könnten aus- und eingehen; sie hätten aber freiwillig die Fortsetzung ihrer Dienste versprochen. Endlich sagte man: daß das Ministerium sich ganz auf gesetzlichem Boden bewege; es erfolge auf geordnetem Wege eine Requisition und dieser Requisition müsse Folge gegeben werden."

Ich: Was den in Folge der Requisition zu erlassenden Befehl anbeträfe, so könne der sehr bald gegeben sein, es wäre jedoch etwas anderes, diesem Befehle auch Gehorsam zu verschaffen. Mir wären die Mittel, selbst wenn ich persönlich einer solchen Requisition Folge leisten wolle, nicht gegeben, die im Sinne derselben zu erlassenden Befehle auch zur Ausführung zu bringen; im Gegentheil glaube ich, daß die Berliner Bürgerwehr sich ihnen widersetzen würde! In Zeit von einer Stunde kämen jedoch die Majore der Bürgerwehr zu mir, ich würde dann mit ihnen diese Angelegenheit in Erwägung ziehen.

Der Minister v. Ladenberg erwiderte hierauf:

Er könne eine Berathung nicht anerkennen; wir hätten ein Bürgerwehrgesetz vom 17. October, hiernach müsse der Commandeur und die Bürgerwehr den gesetzlichen Requisitionen Folge leisten und er fordere mich hierzu auf!"

Ich: Wir haben allerdings ein solches Gesetz, aber es kann noch nicht in Anwendung gebracht werden, denn es gründet sich auf Dienstwehrlisten, nach welchen die Vorgesetzten und auch die Wehrgerichte gewählt würden. Diese Dienstwehrlisten wären vom Magistrat noch nicht angefertigt und meine Bitte an die Nationalversammlung, eine transitorische Bestimmung zu geben, daß bis zur Reorganisation der Bürgerwehr die Wahl der Mitglieder der Bürgerwehrgerichte auf Grund der bisher in jeder Compagnie geführten Liste erfolge, vergeblich gewesen. Diese Gerichte beständen also nicht und es könne daher kein Wehrmann nach dem Gesetz vom 17. October bestraft werden, welcher der Requisition Folge zu leisten verweigere.

Obwohl der Minister v. Ladenberg noch mehrfach in mich drang, mit Bestimmtheit schon hier auszusprechen, ob ich befehlen würde, die Bürgerwehr solle den Befehlen der Regierung Folge leisten, mußte ich doch bei meinen abgegebenen Aussagen beharren und die Herren Minister gestatteten endlich, anderthalb Stunden, also bis nach der Berathung mit den Majoren der Bürgerwehr, auf eine bestimmte Erklärung warten zu wollen. Während dieser Verhandlung fielen meine Augen auf den mir nicht, dem Namen nach bekannten Herrn, ich sah, daß er eifrig schrieb und vermuthete, daß man mich zu Protocoll nähme, was sich auch bestätigte, indem man nach Beendigung des Gespräches meine Unterschrift verlangte, die ich nach Durchsicht abgab und hierauf entlassen wurde.

Noch während der Versammlung der Majore ersuchte ich den Herrn Minister des Innern, bei einem Falle von so hoher Wichtigkeit um eine schriftliche Requisition; diese kam denn auch Abends nach 10 Uhr von dem Polizei-Präsidenten mit der Weisung, daß er beauftragt sei, der Antwort bis morgen früh 6 Uhr entgegen zu sehen. Für den Fall, daß eine solche in der gedachten Zeit nicht eingehe, sollte angenommen werden, daß das Bürgerwehr Commando nicht beabsichtige, dieser Requisition Folge zu geben. vielmehr es lediglich den königlichen Behörden überlasse, die geeignet scheinenden Maßregeln selbst zu ergreifen.

Das Gerücht, die Truppen würden den nächsten Morgen in die Stadt rücken, hatte sich mittlerweile durch ganz Berlin verbreitet. Deputationen verschiedener Arbeitervereine, welche sich dem Commando der Bürgerwehr zur Disposition stellen wollten, erschienen im Central-Büreau; es wurde ihnen aber dringend anempfohlen sich ruhig zu verhalten und sich auf keinerlei Weise dem Einrücken des Militairs zu widersetzen.

Die Majore der Bürgerwehr blieben den größten Theil der Nacht beisammen, auch ein Theil der Nationalversammlung verblieb im Schauspielhause; ebenso wurden der Magistrat und die Stadtverordneten in der Nacht zusammenberufen und beriethen was unter diesen Umständen zu thun sei. Die Stadtverordneten entwarfen eine Adresse an den König, der jedoch der Magistrat nur zum Theil beitrat. Alle diese Schritte hatten nur versöhnende Maßregeln zum Zweck und werden deshalb hier erwähnt, weil die Mannschaften der Schützengilde verwendet wurden, um die einzelnen Mitglieder der genannten Behörden aus den entfernten Stadttheilen zusammenzuholen, welchen Dienst sie während der ganzen Nacht leisteten. Dem Polizei-Präsidenten wurde auf seine Requisition geantwortet, daß derselben nicht entsprochen werden könne, daß in dem vorliegenden Falle und nach § 65 und 128 des Bügerwehrgesetzes, selbst wenn die Requisition auf Befehl des Ministers des Innern geschehen, die Gemeindebehörde der Stadt Berlin nicht übergangen werden dürfe und daß mithin diese Requisition durch den Magistrat erfolgen müsse. Es ist an den Magistrat späterhin auch die Aufforderung zur Requisition der Bürgerwehr ergangen, der Bürgermeister Naunyn hat sie jedoch mit der Randbemerkung abgelehnt, daß der Magistrat in so kurzer Zeit nicht mehr versammelt werden könne, um hierüber zu beschließen.

Da die Nationalversammlung sich den anderen Morgen schon sehr früh im Schauspielhause einfand, so mußten die zu ihrem Schutz bestellten Bataillone, das 4., 12., 19. u. 20., schon um 5 Uhr Morgens alarmirt werden. Diese Bataillone standen am 10. November 12 Stunden hintereinander unter Major Flist vor dem Schauspielhause und lehnten es ab, sich von anderen Bataillonen ablösen zu lassen. Am 10. November war eine allgemeine Unruhe in den Straßen zu bemerken, man glaubte, das Militär werde schon sehr frühe in die Stadt rücken, besonders befand sich ein zahlreiches den besseren Ständen angehörendes Publikum auf dem Gendarmen-Markt und Unter den Linden. Um 9 Uhr wurde von der Commandantur die offizielle Nachricht an das Bürgerwehr-Commando gegeben, daß der größere Theil der um Berlin in Cantonirung stehenden Truppen um Mittag in die Stadt einrücken würde, und daß auf Befehl des Oberbefehlshabers in den Marken, General v. Wrangel, mehrere Wachen, unter denen die Königswache, der Unterbaum, die Brandenburger, Potsdamer und Anhalter Thorwache sich befanden, an das Militair abgegeben werden müßten. Die Schloßwache sollte der Bürgerwehr noch verbleiben; die westliche Seite des Schlosses das Militair, die östliche die Bürgerwehr besetzen. Von Seiten des Bürgerwehr-Commandos wurde gegen das Ueberlassen der Wachen protestirt, jedoch mit dem Bemerken, daß man der Uebermacht weichen und das Verlassen der Wachen mit Ordnung erfolgen würde. Um 10 Uhr war eine Versammlung der Majore und Commandeure der fliegenden Corps. Es wurde zuerst die Form besprochen, in welcher man bei Ablösung der Wachen verfahren wollte, damit auch selbst bei den kleinsten Unterabtheilungen der Bürgerwehr jeder Zwiespalt mit den Truppen vermieden würde; dann kam man überein, folgende Bekanntmachung zu erlassen, die sofort durch Anschlag verbreitet wurde:

„Im Einverständniß mit der hohen Nationalversammlung, die unter allen Umständen die Provocation zu einem Bürgerkriege vermieben wissen will, hat das unterzeichnete Commando, die Majore der Bürgerwehr und Führer der fliegenden Corps beschlossen, der in unsere Stadt einrückenden Militairmacht sich nicht gewaltsam entgegenzustellen. Sie fordern das Volk von Berlin, welches ihnen so viele Beweise seines Vertrauens gegeben, auf, in eben dieser Weise zu verfahren. Dieser friedliche Widerstand gegen eine widerrechtliche Uebermacht wird endlich der Sache der Freiheit zum endlichen und gewissen Siege verhelfen. In diesem Sinne beschwören sie ihre Mitbürger, auch diesmal mit der Bürgerwehr Hand in Hand zu gehen.

Berlin, 10. November 1848.

Der Commandeur der Berliner Bürgerwehr, Rimpler und die sämmtlichen Majore der Bürgerwehr und Commandeure der fliegenden Corps:

Pahl, Simon, Molbenhauer, Horn, Reuter, Oestmann, Hehlen, Wichert, Danz, Stobwasser, v. Herford, Mundt, Thiele, Habel, Weible, Borsig, Müller, v. Gärtner, Benda, Schmalhausen, Rippberger, Deutschmann, Rieß, Tobt, Fischer.

Endlich wurde der Antrag gestellt, die Bürgerwehr in ihren Revieren zusammenzuziehen, um jeder Unordnung und einem möglicherweise entstehenden Barrikadenbau entgegen zu wirken. Dieser Antrag fand Gegner, welche anführten, daß sich viele in der Bürgerwehr befänden, deren Leidenschaften grade durch ein bewaffnetes Hinstellen, dem Militair gegenüber, gereizt werden könnten, ging indeß zuletzt mit Majorität durch.

So kam der Mittag heran und ich erfuhr auf eine Anfrage bei der Commandantur, daß der Einmarsch der Truppen jedenfalls nicht vor 3 Uhr stattfinden würde. Diese Stunde rückte immer näher, und beim Schauspielhause hatten die Führer Mühe die Wehrmänner zu beruhigen, welche ungeduldig über den friedlichen Verlauf mit dem Kolben auf die Erde stießen. Der Platz hatte sich mit Zuschauern angefüllt, von denen ein großer Theil plötzlich die Charlottenstraße entlang, nach den Linden zulief. Kurze Zeit darauf sah man über die Masse weg, die Bajonette der Unter den Linden marschirenden Infanterie und die Helme der Cavallerie. Eine geraume Zeit verstrich, schon zweifelte man, ob der Gensdarmenmarkt von den Truppen berührt werden würde, als plötzlich die Masse der Zuschauer nach dem Platze zurückströmte und eine Infanterie-Colonne in der Charlottenstraße sichtbar wurde, welche, als sie den Gensdarmenmarkt erreichte, aufmarschirte und sich der

Bürgerwehr gegenüber aufstellte. Fast zu gleicher Zeit traf eine Colonne durch die Mohrenstraße, begleitet von mehreren Batterien, auf dem Platze ein und marschirte die Markgrafenstraße entlang nach der Französischen Straße zu, sich auf dieser Seite der Bürgergewehr gegenüber aufstellend. In der Nähe des französischen Thurmes hielt der Commandeur. Auf eine Anfrage des Bürgerwehr=Majors v. Herford, zu welchem Zweck das Militair sich dort aufstelle, gab Ersterer die unbestimmte Antwort, wahrscheinlich zur Reserve der Bürgerwehr, doch würde Se. Excellenz der General v. Wrangel das Nähere darüber mittheilen können. Nach dieser Erklärung erwartete ich die Ankunft des commandirenden Herrn Generals, der mir den Bescheid schickte, daß er sich beim deutschen Dome aufhalten würde. Mittlerweile hatten sich ziemlich bedeutende Volksgruppen zwischen dem Militair und der Bürgerwehr eingeschoben, zum Theil aus den anständigsten Leuten, ja sogar Damen bestehend; ein Beweis, daß niemand an einen Zusammenstoß zwischen Militair und Bürgerwehr dachte und daß die oben erwähnte Bekanntmachung, welche auf dem Platze selbst vertheilt worden war, wirklich den guten Erfolg gehabt hatte, die Einwohnerschaft vollständig zu beruhigen.

Als ich mit dem Stabe der Bürgerwehr dem General v. Wrangel entgegenging, mußte ich durch eine Volksmasse hindurch, die mich mit Hurrah empfing und von der mich ein Theil bis zum General geleitete. Hier entspann sich folgende Unterredung:

Ich: Euer Excellenz, nach einer bereits beim Herrn General v. Thümen eingezogenen Erkundigung über den Grund des Aufmarsches des Truppen auf diesem Platz bin ich an Ew. Excellenz gewiesen und ich erlaube mir daher die Frage, weshalb die Truppen hier aufgestellt sind?

v. Wrangel: Meine Truppen wünschen in ihre Quartiere zu rücken; sie haben zum Theil weite Märsche gemacht und möchten gern ihre Angehörigen wiedersehen; die Väter wollen zu ihren Kindern, die Söhne zu ihren Eltern; sie kommen in der friedlichsten Absicht und möchten einen freundlichen Empfang haben. Hindern Sie sie nicht daran!

Ich: Ew. Excellenz, ich wüßte nicht, daß die Bürgerwehr dem Marsch der Truppen irgend wie hinderlich wäre, sie hat sich nur wie gewöhnlich um das Schauspielhaus gestellt, um die Nationalversammlung zu schützen.

v. Wrangel: Die schütze ich auch, ich werde sie schützen und sollte ich 8 Tage und 8 Nächte hier stehen bleiben; meine Truppen sind gewöhnt Strapazen zu ertragen und werden bivouaquiren.

Die letzten Worte des Generals wurden durch Geräusch der umgebenden Menge unterbrochen, welches sich immer stärker erhob, auf mein vielfaches Winken sich jedoch wieder legte. Hierauf fuhr der General fort:

Gewiß sind wir in der friedlichsten Absicht hier, wir wollen nur Ruhe und Ordnung, wir wollen, daß das Gesetz aufrecht erhalten werde, das wollen Sie auch, und ich reiche Ihnen deshalb die Hand, wir wollen in Eintracht miteinander gehen.

Der General reichte mir die Hand und ich erwiderte:

Daß ich mit Freuden diese Hand ergriffe und die Versicherung geben könne, daß von Seiten der Bürgerwehr diese Eintracht durch nichts gestört werden würde. Hiernach sprach der General noch einige Worte der Beruhigung zu der ihn umgebenden unruhigen Menge, dann wendete er sich mit den Worten zu mir — „daß er seine Truppen hier stehen lassen werde".

Aber Excellenz, endlich muß doch einmal diese Aufstellung aufhören, und ich erlaube mir zu fragen, wann dies der Fall sein wird?

„Sobald die Nationalversammlung auseinander gegangen ist."

Ein lautes Ah! ertönte von der ganzen Umgebung, ich entfernte mich und machte dem Präsident v. Unruh Mittheilung von dem Gehörten, der es der Versammlung vortrug. Hierauf übergab mir der Präsident v. Unruh ein Schreiben, in welchem er dem General v. Wrangel für seinen Schutz dankte und erklärte, daß die Versammlung keinen anderen Schutz verlange als den der Bürgerwehr. Diesem Brief fügte ich einen zweiten bei mit der Frage, ob der Herr General der Versammlung den Aus- und Eintritt in's Schauspielhaus gestatten werde? Mit beiden Briefen wurde Hauptmann Duncker zum commandirenden General gesandt. Inzwischen war bereits die Abenddämmerung eingebrochen, in welcher man schlimmen Excessen entgegensehen konnte, da schon ein gemischtes Publikum auftrat und kleine Aufreizungen stattfanden. Herr Duncker wandte sich zu dem General mit den Worten: Ich bin beauftragt, zwei Briefe zu überreichen, einen von dem Präsidenten der Nationalversammlung — — — v. Wrangel (unterbrechend und mit der Hand abwehrend): „Ich kenne hier keinen Präsidenten der Nationalversammlung, ich kenne hier auch keine Nationalversammlung mehr, diese ist aufgelöst! Ein in der Nähe haltender Adjutant flüsterte dem General einige Worte zu, worauf er verbesserte: diese ist vertagt und nach Brandenburg verlegt."

Duncker. „Es ist hier noch ein Brief des Commandeurs der Bürgerwehr."

v. Wrangel. „Lesen Sie vor, ich kann in der Dunkelheit nicht mehr sehen."

Als dies geschehen: „Das Militair wird unter keinen Umständen zurückgezogen; ungestört kommt ein jeder aus dem Schauspielhause heraus, aber Niemand von den Abgeordneten darf wieder hinein. Sobald der Letzte heraus ist, lasse ich das Haus zuschließen, das sagen Sie dem Commandeur der Bürgerwehr."

Da nun nach der Meinung des Präsidenten v. Unruh die Gewalt gegen die Nationalversammlung constatirt war, so forderte er mich auf, die Bürgerwehr abmarschiren zu lassen; hierauf erwiderte ich, daß sowohl die Ehre der Bürgerwehr, als das im Schreiben des Präsidenten ausgesprochene Begehren des Schutzes derselben gebiete, daß die Bürgerwehr sich nicht ohne die Nationalversammlung entferne, und daß sie erst, wenn die Versammlung das Haus verlassen habe, abmarschiren würde.

Nachdem der Präsident im Namen der Versammlung folgende Erklärung abgegeben hatte: „Die Nationalversammlung protestirt gegen die gegen sie angewendete militairische Gewalt und erklärt, daß sie nur in Folge der Anwendung dieser Gewalt den Sitzungssaal verlasse", geschah dies in folgender Weise:

Die Schützengilde hatte beim Eingang in der Taubenstraße ein Spalier gebildet, durch welches die Nationalversammlung durchging. Beim Erscheinen des Präsidenten wurde präsentirt; der Präsident nahm meinen Arm, und gefolgt von der Versammlung, begleitet von dem Hurrah der umstehenden dichten Volksmenge und der Bürgerwehr, welche ihre Hüte auf die Bajonette gesteckt, gingen wir der Jägerstraße zu. Beim Centralbureau hatte sich der Handwerkerverein aufgestellt, und machte beim Erscheinen des Präsidenten die Honneurs. Ich hatte schon vorher dem Commandirenden beim Schauspielhause den Auftrag ertheilt, gleich nach der Entfernung der Nationalversammlung die Bürgerwehr-Bataillone einzeln nach Hause zu entlassen, begab mich aber nochmals nach dem Schauspielhause, um zu sehen, ob dieser Befehl in Ausführung gebracht und sah noch die letzten Bataillone unter dem Hurrah der Menge abmarschiren. Bei meiner Rückkunft kurz nach 6 Uhr Abends, erhielt ich ein Schreiben des Ministers v. Manteuffel, in welchem er nach dem Grunde fragte, aus welchem die Bürgerwehr ihre Position am Schauspielhaus ungeachtet des Auftretens des Militairs nicht aufgegeben habe, und machte mich ausdrücklich für jeden möglicherweise dadurch herbeigeführten Zusammenstoß zwischen Bürgerwehr und Militair und dessen Folgen verantwortlich. Dieser Brief war durch den Abmarsch der Bürgerwehr erledigt. Ebenso ging ein zweites Schreiben als Antwort auf den, wegen Besetzung der Wachen erlassenen Protest ein, in welchem die Minister des Innern und des Krieges, der Commandantur zur Mittheilung an das Commando der Bürgerwehr aussprachen, daß durch den § 68 des Bürgerwehrgesetzes vom 17. Okt., der Bürgerwehr ein Exclusivrecht auf Besetzung der Wachen keinesweges beigelegt werde, und unter den gegenwärtigen Verhältnissen, nachdem die Bürgerwehr den Requisitionen der Staatsverwaltung die Folge versagt hat, auf den erhobenen Protest keine Rücksicht genommen werden könne, das Commando der Bürgerwehr aber für alle Folge verantwortlich gemacht werden müsse, die aus einem hieraus entstehenden Conflicte etwa hervorgehen möchten.

Während der Zeit waren die Ablösungen der obengenannten Wachen durch das Militair mit großer Ordnung erfolgt; einem kleinen Mißverständniß am Anhalter Thor ward sogleich begegnet. Es kam die Meldung, daß größere Volksgruppen sich am Zeughause sammelten, ich eilte sofort dorthin und es gelang mir die Gruppen zu zerstreuen. Die Bureaus der Nationalversammlung im Schauspielhause waren durch 10 Mann des 8. Bataillons unter Zugführer Lederhändler Wilcke, während der Nacht besetzt geblieben, aber auch dieser Posten wurde gegen Morgen von einer Companie des 24. Regiments verdrängt. Gegen 3 Uhr Morgens rückte diese über das Theater in den Sitzungssaal, und der Offizier erklärte, daß er Befehl habe, das Gebäude zu besetzen und die darin Befindlichen zu entfernen. Er werde gezwungen sein, im Falle des Widerstandes Gewalt zu brauchen. Da die Bürgerwehr Befehl hatte, sich in einen Kampf nicht einzulassen, so wurde über die Erklärung des Offiziers ein Protocoll aufgenommen und der Saal geräumt.

Der 11. November.

Am Morgen erzählte man schon hier und da, die Bürgerwehr werde aufgelöst, und Berlin im Belagerungszustand erklärt werden. Diese Nachricht kam aus der Decker'schen Geheimen Ober-Hof-Buchdruckerei, wo die bezüglichen Placate gesetzt sein sollten; andere Nachrichten besagten wieder, diese Placate und die Auflösungsordre seien zurückgezogen, da gerade gestern beim Einzug des Militairs die Bürgerwehr durch ihre Aufstellung jedwede Absicht eines Barrikadenbaues verhindert habe. Nachmittags 4¼ Uhr ging ein Schreiben mit großem Ministerialsiegel beim Commando ein, es war die Auflösungsordre nebst Abschrift der Kgl. Cabinetsordre mit der Aufforderung, sofort jede Thätigkeit der hiesigen Bürgerwehr zu sistiren. Kaum hatte ich dieses Schreiben durchgelesen, als auch schon ein Mitglied des Magistrats eintrat, um mich nach dem Rathhause abzuholen. Dort fand ich den Bürgermeister und mehrere Mitglieder des Magistrats, welche mit einer gewissen Feierlichkeit eine Sitzung eröffneten, in welcher die eingegangene Ordre noch einmal durchgenommen und dann die Frage an mich gerichtet wurde, in welcher Ordnung nun die Bürgerwehr die Waffen abgeben solle! Auf meine Entgegnung, daß dieses ja im Ministerialrescript genau ausgesprochen sei, daß ich jedoch zweifle, die Bürgerwehr würde die Waffen selbst abliefern, erwiderte man mir, daß ich die Bataillone zur Abnahme der Waffen commandiren müsse, was ich jedoch mit dem Bemerken ablehnte, daß meine Erklärung in einer Stunde schriftlich beim Magistrat eingehen würde.

Nach dem Bureau zurückgekehrt, ordnete ich sogleich die Sistirung der Thätigkeit der Bürgerwehr an und befahl, die noch innehabenden Wachen sofort zu verlassen, was auch ordnungsmäßig geschah. Die Majore und Commandeure waren schnell zusammenberufen worden; noch bevor sie erschienen, schrieb ich dem Magistrat, daß ich mein Amt als Commandeur der Berliner Bürgerwehr niederlege, und meinen Stab auf dessen Wunsch gleichzeitig entlassen habe. Nach meiner Entfernung vom Rathhause hatte zwar der Magistrat, welcher nach den Bestimmungen des Ministerialrescripts allein für die Ablieferung der Waffen sorgen sollte, diese Sorge von sich abgewälzt, mit dem Grunde, daß das Bürgerwehrgesetz vom 17. Oktober zwar die Organisation der Bürgerwehr in die Hand des Magistrats lege, nicht aber deren Auflösung, und hatte diese Sorge auf mich übertragen; der diesem Beschluß enthaltende Brief gelangte jedoch erst den 12. Mittags in meine Hände, nachdem die einzelnen Compagnien bereits beschlossen hatten, die Waffen nicht abzugeben, sondern sie sich abholen zu lassen. In der Versammlung der Majore und Commandeure theilte ich den Herren die erhaltenen Ordres mit, las ihnen meinen Brief an den Magiſtrat vor, und ſämmtliche Anweſende bis auf Einen folgten meinem Beiſpiel und legten ebenfalls ſofort ihr Amt nieder.

Obwohl ſchon am Abend in den Straßen der Stadt eine unheimliche Stille herrſchte, ſo war doch dieſe Nacht vielleicht eine der unruhigſten, welche Berlin ſeit dem 20. März erlebt hatte. Die Bürgerwehrcompagnien und Bataillone befanden ſich in ihren Vereinen und entſchloſſen ſich im erſten Grimm zu kämpfen, und nur der Beſonnenheit einzelner Führer iſt es zu danken, daß dieſer Entſchluß nicht zur Ausführung kam. Der Groll der Bürgerſchaft über dieſe ungerechtfertigte Auflöſung der Bürgerwehr war unbeſchreiblich und gerechtfertigt, und um dieſer Maßregel einen Schein des Rechten zu geben, vereinigten ſich das Miniſterium des Innern und der Magiſtrat von Berlin, um in vielen öffentlichen Bekanntmachungen die ganze Schuld auf das Obercommando der Bürgerwehr zu ſchieben, welches durch ſchlechte Maßnahmen und offene Weigerung, die Befehle der Regierung zur Ausführung zu bringen, die nothwendige Auflöſung der Bürgerwehr herbeigeführt hätte. In wieweit dieſer Vorwurf gerechtfertigt iſt, ſoll obige gewiſſenhafte Darſtellung beweiſen; ich meinerſeits habe nach beſtem Gewiſſen und Ermeſſen alles gethan, um einen Conflict mit der bewaffneten Macht zu vermeiden, der wie es ſcheint, von anderer Seite nicht ungern geſehen worden wäre.